# 가족상담 및 가족치료

# 가족상담 및 가족치료

김성수

KNOWLEDGE COMMUNITY 공동체

우리가 생각하는 건강한 가족은 어떤 모습일까? 오랜 기간 상담 현장에서 마주해 온 가족들이 저마다 가족을 아끼고 사랑하는 마음을 그들 나름대로 담아내어 왔고 그렇게 관계를 이어왔음을 보아왔다. 그러나 그런 의미를 담은 표현들이 가족 누군가에게는 상처와 아픈 기억을 남기는 문제가 되는 것도 함께 보았다. 이렇게 가족 문제는 단순한 개인이 경험하는 문제를 넘어 가족과 관계하는 구성원 모두에게 고통과 슬픔을 안겨주는 과정으로 이어진다. 가족상담은 이런 가족구성원 개개인이 가족이라는 조직 내에서 경험하는 상호작용에 직접적으로 개입하는 전문적인 실천 방법이다.

오늘날 우리 사회의 가족은 사회, 문화, 경제를 포함한 다양한 이유로 더욱 불안과 어려움을 경험하는 상황에 마주하고 있다. 그리고 여기에는 한국 전통의 이념과 가치도 함께 더해져 가족의 건강한 기능과 역할에까지 혼란을 경험하게 한다. 그러한 이유에서 한국 사회는 건강한 가족의 모습을 유지할 수 있도록 공공과 민간기관까지 가족을 위한 상담서비스를 폭넓게 지원하고 있다.

저자 또한 20년 이상 공공과 민간의 상담 현장을 거치며, 가족과 가족구성원이 서로 건강한 가족의 모습을 찾아가고 신뢰로운 가족관계를 회복하기를 희망하는 마음으로 그 역할을 이어왔다. 그리고 상담자로서 더 책임 있는 역할을 위해 가족상담에 필요한 교육과정을 끊임없이 수련하며 전문성을 키워왔다. 물론 가족상담을 위한 준비는 앞으로도 계속되어야 하겠지만, 상담자로서 가족상담에 필요한 기본적인 이해와 현장에서 요구되는 임상적 기법들을 반드시 숙지하고 활용할 수 있어야 함은 자명하다.

더구나 사회복지 현장에서 가족상담은 개인을 포함한 가족 전체의 개입으로 이어지는 만큼 이 책에서는 좀 더 사회복지적 실천에 맞추고자 노력하였다. 이를 위해 개인과 가족의 기능 향상을 위한 전문가로서 이론과 모델을 이해하고 실천 기술을 전문적으로 익히는 것에 중점을 두었다.

그에 따라 이 책은 사회복지학 기반의 가족상담자를 위한 기초적인 지침서가 될 수 있도록 다음과 같이 4개의 부(part)로 구성하였다.

제1부에서는 가족상담 현장에서 마주하는 가족을 이해하는 장으로 가족에 대한 개념과 가족의 변화에 따라 경험하는 위기들을 다루었다. 특히 체계적 관점에서 가족을 이해할 수 있도록 가족체계이론 중심의 내용으로 정리하였다.

제2부에서는 가족 대상의 상담을 실천함에 있어 가족발달주기에 따라 경험하는 주요 문제를 다루고 있다. 그리고 가족 문제를 전문적으로 다루는 방법론과 상담과정의 내용으로 구성하였다.

제3부에서는 가족상담을 위한 주요 치료모델을 중심으로 정신역동적 대상관계 가족상담, 보웬의 가족치료, 경험주의 가족치료, 구조적 가족치료, 전략적 가족치료, 해결중심 가족치료 그리고 인지행동 가족치료로 구성하였다. 특히 각 치료모델은 주요 개념과 임상적 실천 기술을 중점으로 익힐 수 있도록 하였다.

마지막 제4부에서는 상담자로서의 역할과 가족상담 과정에서 다루어야 할 내용 그리고 가족상담 종결로 이어지는 실제 내용으로 가족상담 과정 전체를 이해할 수 있도록 하였다.

끝으로 이 책이 출판되기까지 많은 격려와 지지를 보내준 가족들, 여러 교수님을 비롯한 제자들에게 고마움을 전하며, 도서출판 공동체에도 이 글을 통해 감사 인사를 드린다.

2025. 6.

김성수

차 례

# CONTENTS

## PART 03 가족상담모델

## PART 04 가족상담의 실제

PART 01

# 가족과 가족상담

CHAPTER 01

# 가족과 가족의 변화

가족은 사회의 가장 기본적인 제도이면서 인류 역사상 가장 오랫동안 지속되고 있다. 특히 사회변화의 영향을 받으면서 가족구성원의 성장과 발달에 중요하고 필수적인 환경을 제공하는 존재이다.

그러나 최근 가족은 사회변화에 따라 부모와 자녀로 이루어진 핵가족 구성이 1인 가구 등의 소핵가족으로 급속한 변화를 맞이하고 있다.

## 1. 가족의 개념과 기능

가족의 전통적인 개념은 가계를 공동으로 하는 친족집단으로 보고 있으며(최재석, 1966), 미국의 인류학자 머독은 사회적으로 허용하는 성적 관계를 유지하는 최소한 두 명의 성인 남녀와 한 명 이상의 자녀로 이루어져 있다고 규정하고 있다(Murdock, 1949, 이희세, 2023 재인용).

이처럼 전통적인 개념에서 가족이란 결혼과 혈연을 토대로 한 협의의 개념으로 가족은 혼인, 혈연 및 입양을 통해 이루어진 관계자들의 집단이다. 또한 공동의 의식주 해결과 정서적 · 정신적 유대와 공동체적 생활방식을 갖는 집단이다.

하지만 최근 전통적 가족의 개념을 벗어나거나 기존 핵가족 수가 감소하는 반면, 이혼 및 사별로 인한 한부모가정의 증가, 주말부부와 같은 비동거 가족의 증가가 이어지고 있다. 그리고 노인가족, 재혼가족, 동거가족, 자발적 무자녀가족, 집합가족, 미혼모가족, 1인 가구 등의 비전통적인 가족형태가 증가하고 있다. 이와 같은 사회적 변화는 가족의 개념을 재정의할 필요가 있음을 의미한다.

현대라는 시대적 배경의 가족은 복잡한 사회문제의 영향을 받아 가족의 위기를 경험할 만큼 심각한 문제에 부딪히고 있다. 현대사회는 끊임없이 변화하고 있기 때문에 공동체 구성의 기본 단위인 가족의 중요성은 더욱 부각된다.

이 같은 역할을 하는 가족의 기본적인 기능은 다음과 같다(UN, 1996).

첫째, 부부 결속의 기능이다. 사회적으로 인정된 부부관계를 토대로 부부 상호 간의 정서적 결속은 가족 생활의 기반이 되며 결혼은 정서적 결속뿐만 아니라 관련 가족들과의 사회적 결속, 법적 결속, 비공식적인 경제적 결속을 가져온다.

둘째, 성에 대한 기능이다. 결혼은 사회적으로 인정된 합법적인 성관계로서, 인구재생산의 필수적인 부분이다.

셋째, 가족구성원에 대한 명칭과 역할 부여다. 결혼한 부모로부터 태어난 가족구성원의 명칭(이름)은 자동적으로 법적 자격을 부여받게 되며, 해당 명칭에 따른 역할도 제시된다.

넷째, 가족구성원의 보호 기능이다. 아동을 포함한 가족구성원의 기본적 보호는 가족의 핵심적 기능이다. 특히 사회적 취약대상이라 할 수 있는 노인, 장애인 등이 이미 많은 사회에서 가족에 의한 보호를 받고 있으며, 요보호 가족구성원을 위한 서비스 이용에도 적극적으로 관여한다.

다섯째, 아동의 사회화와 교육의 기능으로 가족은 아동의 사회화를 비롯한 발달과정에 요구되는 교육적 과업을 수행하게 된다.

여섯째, 가족구성원의 정서적 지지와 친밀감의 기능으로 이해와 지지를 기본으로 하는 관계적 역할에 해당된다. 그러나 정서적 관계가 항상 긍정적일 수 없기 때문에 적대적 또는 지나치게 소유적이거나 경직될 경우 심각한 문제가 될 수 있다.

일곱째, 재화와 서비스의 교환 기능이다. 현대사회의 가족은 생산단위에서 소비단위로 전환되었으나 여전히 생산단위로서의 기능을 수행한다. 특히 요리, 청소, 세탁, 일상생활의 경제적 자원, 교육 등 많은 기본적 서비스의 주요 제공자 역할을 한다.

## 2. 가족의 변화와 위기

가족은 물리적·심리적 공간을 공유하는 개인들의 집합체 이상으로 각 가정마다 고유한 특성을 지니며, 가족 나름의 규칙, 역할, 세력구조, 의사소통 유형을 발전시켜 온 사회체계이다(Goldenberg et al., 2017).

그러나 현대사회는 산업화와 도시화 그리고 다양한 제도들에 따라 가족의 기능, 역할, 가족성원 간의 관계가 변화로 이어지며, 가족범위의 축소, 개인 중시, 종적 관계에서 횡적 관계 등으로 변화되고 있다.

그중 세대별 구성 및 가족형태의 변화를 살펴보면, 3세대 직계가족인 부부와 양친과 자녀로 이루어진 3세대 가족이 1970년 22.1%, 1980년 17.6%에 이어 2015년 5.7% 이후 2020년에는 3.2%로 급격하게 감소하였다. 부부와 미혼자녀로 구성된 2세대 핵가족 비율은 1970년 55.5%, 2015년 56.4%에 이어 2020년 43.2%로 나타나 3세대 직계가족의 감소가 2세대 핵가족의 증가로 연결되지 않음을 보여주고 있다(여성가족부, 2022).

반면 1세대 가구는 1970년 6.8%에서 2015년 16.6%에 이어 2020년 22.8%로 크게 증가한 것으로 나타나 노인단독가구 증가에 영향을 받은 것으로 추정된다. 이혼 및 재혼 가족 또한 0.6%(1980년)에서 3.0%(2002년)로 증가한 가운데 혼인 대 이혼의 비율이 2:1에 근접할 정도로 이혼의 증가가 이어졌다. 특히 이혼가족의 증가는 재혼가족의 증가로 이어지는 것으로 나타났다.

사회변화는 가족의 구조뿐만 아니라 기능의 변화로도 이어졌다. 한국 가족의 기능적 변화를 살펴보면 다음과 같다.

첫째, 산업화에 따라 가족의 경제적 기능은 가족과 일터가 공간적으로 분리되었으며 생산기능은 약화 또는 상실되고 소비기능은 강화되었다.

둘째, 현대사회에서는 여전히 가족의 출산 및 성행위 규제가 가족의 주요 기능으로 남아있다. 그러나 성행위 및 출산과 관련된 사회구조 및 가치관이 빠른 속도로 변화하고 있어 통제기능은 약화되고 부부간 성생활의 중요성은 점점 증대되고 있다.

셋째, 자녀양육 및 사회화 기능은 여전히 가족에게 큰 부담이 되고 있는 것이 현실이다. 특히 우리나라 가족은 전통적으로 부모-자녀 관계가 부부관계보다 더 중요시되어 왔다. 그러나 급격한 사회변화 과정에서 가족은 자녀양육 및 사회화 기능에 많은 혼란을 경험하고 있다.

넷째, 가족의 정서적 유대 기능 및 여가의 기능에 대한 기대가 지속적으로 증가하고 있다. 한국 가족은 남편이 경제부양자 및 아버지로서의 역할에 대한 기대가 부부간의 사랑이나 성생활의 기대보다 우선되고, 아내에게는 어머니의 역할에 대한 기대가 우선되고 있다. 그러나 젊은 세대로 갈수록 부모-자녀 관계보다도 부부관계가 중요시되고 있으며, 여가는 일만큼 중요한 기능으로 부각되고 있다.

다섯째, 가족은 노인과 환자를 돌보는 역할을 하며 보이지 않는 사회보장 제도의 기능을 수행하였으나 오늘날 부양의식 등의 약화는 가족의 사회보장 기능의 약화로 이어지고 있다.

여섯째, 가족의 지위계승 기능은 자녀교육과 결혼, 재산상속 등을 통해 계속 강화되고 있다.

일곱째, 페미니즘적 입장에서는 가족의 생물학적 성을 사회문화적 성으로 연결시키는 성역할 사회화의 기능과 가사 노동의 성격에 주목하고 있다. 즉, 부모는 성차별적 사회화 과정을 통해 자녀들로 하여금 기존의 성역할 고정관념뿐만 아니라 여성성, 남성성의 행위규범 및 가치관을 내면화시키고 있다. 그에 따라 암묵적으로 가사노동의 책임과 부담은 주부에게 부여되고 가사 노동은 무급노동으로 사회적 가치를 인정받지 못한다는 논란이 이어진다.

이러한 과정은 가족의 어려움과 부적응으로 이어져 가족을 위기상황으로 내몰기도 한다.

## 1) 가족위기

가족은 항상 안정적인 모습만을 가지지는 않으며 관계성, 가변성, 예측 불가능성에 따라 항상 문제를 직면하고 해결하며 그 과정에 다시금 문제가 따르게 된다.

이는 개인의 발달과 마찬가지로 가족 또한 그 발달주기에 따라 지속적으로 노출되는 위기상황에 처하는 것으로 심리적, 신체적, 관계적 위기가 반복됨을 의미한다.

위기는 일상적 대응으로 효과가 나타나지 않아 즉각적으로 새로운 행동을 요구하는 상황으로, 가족의 위기는 스트레스 상황의 해결이 이전의 방법으로 불충분하고 불가능하여 심각한 결과를 경험하게 한다. 해당 과정은 가족을 와해의 단계로 이어지게 하고 그 단계에서 가족은 슬럼프 상황에서 역할과 일상의 기능에 혼란을 경험하게 된다. 그리고 이를 분노와 화로 표출하며 가족위기를 더욱 심화시키고, 관계까지 변화시키는데, 바로 부부, 부모 등 가족구성원 간의 관심이 줄어듦과 동시에 구성원의 소외까지 더해가며 가족위기의 대처를 더욱 어렵게 한다.

이처럼 가족은 그 발달주기에 있다는 것만으로도 가족의 안정성에 상당한 위협과 위기상황에 직면할 가능성이 있다. 따라서 가족이 상호 지지적인 관계에서 위기에 대처하고 더 나은 상황으로 문제를 해결할 수 있는 준비가 필요하다.

## 2) 스트레스

가족 내 스트레스는 개인과 관계의 연장에 포함된 가족의 발달과정에 불가피하게 경험하는 것으로 가족체계에서 주어지는 압력과 긴장이 개인과 가족 전체의 적응을 요구하며 발생하게 된다.

가족이 경험하는 스트레스에는 예측 가능한 규범적 스트레스와 예측이 불가능한 비규범적 스트레스가 존재한다(Anderson & Sabatelli, 2003). 먼저 규범적 스트레스는 가족의 발달주기와 변화에 따른 것으로 결혼, 출산, 자녀의 사춘기, 갱년기, 은퇴 등으로 나타나며, 가족생활 전환기인만큼 심각한 스트레스와 긴장이 나타나지 않고 가족 자체의 자원과 대처로 문제해결이 가능하다.

반면 비규범적 스트레스는 예상하지 못한 사건들로 유발되는 스트레스로, 가족구성원의 갑작스러운 사고, 실직, 사망 등으로 인한 스트레스이다. 예측이 불가능한 만큼 가족에게는 큰 혼란과 어려움을 경험하게 하고 스트레스와 긴장 수준도 상당히 높아짐에 따라 해당 상황의 지속은 가족의 위기를 조장하게 된다.

### 3) 위기와 스트레스 대처

가족이 직면한 위기와 스트레스에 잘 대처한다면 가족은 더 건강하고 발전적이며, 긍정적인 발달을 이룰 수 있다. 이에 필요한 주요 기능은 다음과 같다(Olson, Russel & Sprenkle, 1989, 이희세, 2023 재인용).

첫째, 가족응집성으로 가족구성원의 유대감과 결속력 그리고 구성원의 자율성 수준을 의미한다. 가족응집성은 가족 간 유대 정도, 상호 관련 정도, 시간과 공간, 친구 또는 흥미의 공유 정도에 따라 달라지며, 그 정도에 따라 과잉분리, 분리, 연결, 밀착으로 구분할 수 있다. 가족응집성은 가족의 발달에 따라 가족에 대한 소속감, 애착, 자율성이 균형을 이루는 것이 중요하다.

둘째, 가족적응성으로 가족 내 나타날 수 있는 긴장상황에 가족의 규칙, 역할, 구조 등을 조정할 수 있는 능력을 의미한다. 가족적응성은 균형과 변화 사이에 나타나는 갈등에 어떻게 대처하는지에 초점을 두는 것으로 규칙과 구조가 없는 혼돈가족, 융통성 있는 가족, 융통성은 부족하나 필요 기능은 하는 체계적 가족, 역할변화를 거부하는 경직된 가족으로 구분할 수 있다.

셋째, 가족의사소통으로 가족의 응집성과 적응성 향상을 높일 수 있는 주요 기능에 해당된다. 특히 의사소통은 감정이입, 경청, 말하기, 자기개발, 공유, 구성원의 존중 등이 포함되어 있다. 그만큼 안정적인 의사소통은 가족의 문제해결능력을 향상시키고 응집성과 적응성의 균형을 기반으로 솔직하고 명확한 생각과 감정의 교환이 가능하게 한다.

## 3. 가족갈등과 한국 가족

가족은 가족구성원 상호 간의 긴밀한 애정을 기반으로 하며, 건강하고 원만한 상호관계가 앞으로도 계속되리라는 기대도 함께 더해진다. 그러나 최근 가족의 약화, 위기, 붕괴 문제의 심각성이 대두되고 있다. 우리 사회 또한 이혼, 혼인 문제, 가출, 비행, 부모-자녀 의사소통 단절, 가정폭력, 독거노인 증가 등 다양한 가족병리 현상이 사회문제로 제시되고 있다. 더구나 기존에서 벗어난 다른 형태의 가족이 증가하며 가족의 중요성이 약화되고 있는데, 그 원인을 다음과 같이 정리할 수 있다.

첫째, 사회의 발전과 변화에 따라 전통적인 가족의 생식, 성, 교육, 오락 등의 기능이 가족 외부 기능으로 이양되는 것을 넘어 더 이상 가족 고유기능으로 인식되지 않는다는 점이다. 여기에 최근 전자제품, 외식산업의 발달, 즉석식품의 증가, 인터넷 구매로 이어지는 삶의 변화는 가정생활 없이도 식생활 해결까지 가능하게 하고 있다. 또한 주거공간의 구성에서도 개인 중심 생활로 변화하며 자신들이 편한 시간에 식사를 따로 하는 등 가족의 필요성과 통합이 약화되고 있다.

둘째, 여성의 사회진출과 사회참여 활동의 증가는 가사노동의 경감, 출산율 감소와도 관련이 있다. 이는 가족 이외의 여러 사회관계와 대인관계가 확대되는 등 개인 생활이 강조되며 결과적으로 가족구성원들의 가족관계를 양적 또는 질적으로 위축시킨다.

셋째, 가족의 기능적 축소뿐만 아니라 규모에서도 3세대 가족이 줄어들었으며, 형제 수 또한 과거에 비해 급격히 감소하였다. 이런 가족의 급격한 변화는 경제, 사회문제에 대응을 어렵게 만들며 가족 해체 또는 붕괴의 현상으로 나타나고 있다.

대부분의 사람들이 생각하는 건강한 가족의 모습은 가족구성원 서로가 아끼고 사랑하며 이해하는 모습 그리고 자녀들이 건강하게 성장하고 휴식을 가질 수 있도록 하는 것으로 가족 각각의 복지와 자기실현이 충분히 이루어질 수 있도록 하는 상태를 의미한다. 그만큼 가족을 유지하기 위해서는 개인이 소속된 가족과의 관계, 가족 내 포함된 개인과의 관계에서 안정적인 균형을 유지하는 것이 중요한 과제가 된다.

이와 함께 가족은 의식주나 의사소통의 방식, 어떤 문제에 대처하거나 해결하는 방법 등 여러 가지 생활장면에서 독특한 행동양식을 가진다. 이것을 가족생활양식이라 한다. 가족 스트레스는 가족이 자신들의 생활방식을 만들어 갈 때 가족에게 어떤 자극요인이 더해져 기존의 생활양식이 혼란을 겪게 되며 이전의 대처방법이나 문제해결방식으로 평형을 유지할 수 없는 위기에 도달하는 상황 그리고 그것을 극복하려는 노력과 결과까지를 포함한 능동적인 과정을 의미한다.

이런 상황에 한국 가족이 직면해 있는 어려움을 다음과 같이 정리할 수 있다.

### 1) 가족구조의 변화

한국 가족의 외형적 변화는 대표적으로 가족의 소인수화, 핵가족화, 고립화로 나타낼 수 있다. 이런 변화는 산업화 과정에서 가족기반이 급여 중심으로 변화함에 따라 대가족에서 소가족으로 전환하며 나타난 것이다. 그리고 산업화에 따른 도시화, 핵가족화, 개인주의 사고방식은 가족구조, 관계, 가치관 등에 많은 변화를 함께 가져왔다.

현재 한국 가족 구조와 기능 변화에 따른 문제는 다음과 같이 정리할 수 있다.

첫째, 핵가족화에 따른 문제로 직접적 변화 그리고 그에 따른 도시화, 출산율 감소는 가족 수의 감소와 가족형태의 변화로 이어지며, 가족관과 도덕관의 변화로 나타나고 있다. 바로 가족 간 단순화된 관계는 대가족의 관계에서 배우는 다양한 인간관계 기회를 잃게 하고 고립, 소외를 통해 안정감에 혼란을 준다. 즉, 부부 중심인 핵가족의 경우 애정의 변화에 따라 가족기능 상실과 해체로 이어질 가능성을 높이게 된다.

둘째, 부모와의 거주시간이 줄어듦에 따른 것으로 표면적으로 가족을 중요시함에도 부모의 가족참여는 사회경제적 제한으로 더욱 어려워지고 있다. 특히 맞벌이 부부의 증가는 자녀들이 혼자 방치되는 상황에 이어 부모와의 대화를 비롯한 관계의 시간 부족으로 이어지게 된다. 이런 상황은 자녀의 교육과 훈육에 건강한 부모의 역할이 제대로 이루어질 수 없게 됨을 예상케 한다.

셋째, 부모의 과잉보호 또는 지나친 기대로 발생하는 문제로 핵가족에 따른 자녀 수의 감소는 부모의 관심과 보호가 자녀에게 집중되어 부담을 가중시킬 가능성을 높인다. 자녀를 부모의 보상심리제로서 다루며, 경쟁적 역할에 몰두하게 하는 상황이 발생할 수 있다.

## 2) 가족역할 변화

### (1) 부부관계

한국에서의 부부관계는 남성의 통제와 억압이 특징으로, 가부장적인 권위주의에 따라 사회일반의 질서와 가치가 유지되어 왔다. 그러나 현대사회에서 여성의 교육과 사회참여 기회 확대는 양성의 자유와 평등의 가치를 강조하게 되었으며, 이런 남편과 부인의 의식격차에 따른 어려움도 나타나게 된다.

남성은 여전히 가부장적인 가족의식을 주장하는 반면, 여성은 평등적인 가족의식을 받아들임에 따라 발생하는 가족문제에 대해 현대사회는 표면적으로는 여성의 권한이 강화된 것으로 보일 수 있다. 하지만 외형적인 평등과 협력 관계와 달리 내부적으로는 여전히 전통적인 관계가 잔존해 있다는 점에서 갈등의 소지가 되며, 최근 급증하는 이혼율과 독신율이 이를 반영하는 결과로 볼 수 있다.

#### (2) 부모-자녀 관계

현대사회 부모-자녀 간 상호작용의 감소는 부모의 권위 약화라는 결과로 이어지고 있다. 산업화에 따른 일터와 가정의 분리는 부모역할의 시간적, 공간적 제한으로 이어졌으며, 여성의 사회진출 그리고 가족구성의 변화는 그 문제를 더욱 심각하게 하고 있다. 그에 따라 현재는 가정이 아닌 사회의 전문 교육기관에 의존하는 비율이 더욱 높아지고 있다.

### 3) 의사소통

한국 가족은 한국인의 역사적 전통뿐만 아니라 집단의식이 포함된 고유한 문화가 내재되어 있다. 그리고 이러한 문화에는 의식과 감정 그리고 관계의 특성을 담은 의사소통 구조가 나타난다. 이러한 한국인의 의사소통 특성을 정리하면 다음과 같다(송성자, 2004).

첫째, 한국인의 의사소통은 이성보다는 감성적 경향이 있다. 높은 감수성으로 정서적 반응이 강하게 나타나고 외부 자극을 감각적으로 받아들여 충동적이게 된다. 즉, 지나친 감수성으로 인한 이성적 판단의 제한이 잘못된 행동으로 나타나는 것이다. 따라서 타협이 아닌 자기주장만 강조하는 강박적 속성을 가진다.

둘째, 일방적 의사소통으로 권위적인 성격 특징에 따라 자신의 힘을 과시하는 경향을 가진다. 즉, 가족 내 우위적 역할을 가지고 자신의 의견을 일방적으로 피력하고 가족들이 수용할 것을 기대하는 것이다.

셋째, 형식적이고 비언어적 의사소통이다. 한국의 형식주의적 성향은 스스로의 주관보다 주변을 민감하게 살피는 눈치와 체면을 앞세우게 하였다. 다른 한편으로는 직관적으로 상대의 태도와 생각을 알아차리는 감각이 발달한 것인데, 이것은 자칫 자신을 부인하고 다른 사람의 기준에 따르며, 자기가치와 감정을 약하게 만든다. 그러면서 상대가 자신을 알아차려 주기를 바라는 비언어적 표현으로 이어지면 오해의 소지가 된다.

넷째, 과거지향적 의사소통이다. 그만큼 과거에 집착하여 새로움을 받아들이는 데 어려움을 가짐을 의미한다. 이런 의사소통은 다른 세대와의 괴리감으로 이어져 갈등이 발생하며 결국 대화의 차단으로 이어지게 된다.

### 4) 밀착과 분리

가족구성원의 적절한 밀착과 분리는 건강하게 기능하는 가족의 기준이 되지만, 한편으로는 가족문제를 발생시키는 주요 원인이 되기도 한다. 밀착은 가족의 생활에 서로 너무 지나치게 개입하고 상호작용에 극단적인 근접으로 인한 문제를 야기하게 된다. 한편 분리는 독립적이고 자주적 기능의 모습을 가지기는 하나 가족의 상호의존성이 결여되어 있고 충성심이 존재하지 않음으로써 문제가 될 수 있다.

CHAPTER 02

# 가족치료와 상담의 발달

## 1. 가족상담의 발전과정

### 1) 1950년대 이전

1899년 미국자선조직협회에서 빈곤자, 장애인, 가족관계에 어려움이 있는 자를 서비스 대상으로 하고 전체로서의 가족을 다루었다. 이어 1908년 사회사업가인 리치몬드가 『가족치료사례집(A Real Story of a Real Family)』을 출판하는 등 사회사업 분야에서 결혼과 가족상담이 가족 개별사업의 영역으로 발전해 나간다.

이어 1940년대까지 심리분석, 정신의학, 사회사업학 등에서 가족에 초점을 두면서 가족치료의 세분화와 전문화 그리고 연구자 간의 협조가 이루어지고 각 전문분야에서 협의회나 조직체가 설립되기 시작하였다.

### 2) 1950년대

1950년 이전의 치료자는 가족이 개인에게 미치는 영향만을 고려하여 환자를 가족 상황에서 분리하여 회복을 시도하였다. 그리고 1950년대 가족치료의 주요 대상은 정신분열증 환자 가족이었다. 특히 보웬(Bowen)과 리츠(T. Lidz)는 가족 상호작용과 정신분열증에 대한 연구, 벳슨과 윈(Wynne) 등은 정신분열증 환자 가족들의 의사소통 유형에 대한 연구를 진행하였다.

1950년부터 1954년까지 가족치료의 기본적 관점은 가족을 정서적 역기능의 단위로 보고 있었지만, 연구자들 상호 간에 정보교환도 없고 국제적인 모임도 이루어지지 않았다.

1957년경에 가족치료 연구자들과 가족치료자들의 활동이 표면화되면서 상호 간에 정보교환이 이루어지기 시작하였다. 그들은 병원에 입원한 정신분열증 환자와 가족을 대상으로 정신분열증이 병리적이고 파괴적인 가족환경의 결과에 따른 것이라 보았다(Goldenberg & Goldenberg, 1991).

### 3) 1960년대

1960년대 초기에는 가족치료에 대한 호기심이 고조된 시기이다. 가족치료사들은 가족치료를 정신장애의 기원과 개선을 개념화하는 새로운 방법으로 보고 가족 전체가 함께 참여하는 작업을 시작하게 되었다. 특히 가족치료사인 에커만은 가족치료의 목적을 가족 내 한 개인을 대상으로 하고 치료대상의 잠재된 억압 상태를 해소하는 것에 두며, 미누친의 임상기법과 헤일리의 이론에 영향을 미쳤다.

1960년대 미국의 정신과 의사인 미누친은 뉴욕의 비행소년을 치료하는 과정에서 가족치료에 관심을 가지게 되었다. 미누친은 도시빈민가의 자녀와 가족을 대상으로 한 치료방법의 제한점을 확인하고 빈곤하고 불안정한 가족에 대한 연구로부터 실용적이고 문제해결 중심적이며, 가족문제 발생배경인 사회환경에 관심을 두는 구조적 가족치료 접근방법을 발전시키게 된다.

## 4) 1970년대

1970년대는 가족치료기술이 혁신적으로 개발된 시기로 벳슨의 기초개념을 기반으로 한 의사소통이론과 보웬의 이론이 주된 이론으로 발달되었다. 이어 가족치료의 확산을 통해 정신분열환자의 여러 가족을 동시에 치료하는 집단치료인 다중가족치료, 정신건강 전문가들이 팀으로 지속적 상호작용을 하는 위기 중심의 다중충격치료, 가정에서 확대가족-친구-이웃-고용주 등을 치료에 포함하는 관계망치료, 가족원의 입원이 아닌 외래환자 중심의 가족을 치료하는 가족위기치료 등이 시행되었다.

행동주의 심리학자들은 효과적인 아동양육을 위한 행동관리기술을 부모에게 교육시키며, 결혼갈등과 가족역기능을 위한 치료적 전략을 제안하기에 이르렀다.

이어 미누친을 중심으로 다수의 가족치료자들은 체계이론적 접근법을 발전시키며, 가족들의 문제를 즉시 해결하고 증상을 경감시키는 의사소통, 상호작용이론과 기법을 적용하였다. 1978년 단기가족치료센터에서는 드 세이저(De Shazer)와 인수 김 버그(Insoo Kim Berg)를 중심으로 체계이론과 인간의 잠재력에 대한 철학을 기초로 문제해결 중심의 단기가족치료의 전략과 기법이 발전되었다.

## 5) 1980년대

이 시기는 치료적 개입보다 부모와 가족의 대처능력과 기능을 최대화하며 재발을 예방하려는 심리교육모델이 제시되었다. 이 모델은 정신분열증의 치료나 원인 발견이 아닌 장애를 극복하기 위하여 가족을 돕는 데 중점을 둔다.

1980년대에는 가족치료 분야의 설립자들 중 일부와 관련 있는 경쟁력을 가진 모델들이 증가하였다. 각 모델은 서로 다른 강조점을 가졌으나 모두 체계이론에 의존한 가운데 경쟁적인 학파로 자리 잡기 시작하였다.

### 6) 1990년대

1990년대는 가족속성에 대한 철학과 최선의 개입에 대한 가족치료자들의 의견 차이가 지속된 가운데 모델 간의 통합적 접근, 즉 정신분석, 인지-행동적, 가족체계 등을 통합하는 움직임이 일어났다(Wachtel, 1997).

1990년 중반에는 구성주의자들을 통해 외부관찰자인 치료자가 실제 그들이 관찰하는 현상을 창조하는 적극적 참여자로 보았다. 이런 관점은 치료자들이 이론적 확실성에 회의를 느껴 성별, 문화, 인종, 경험적 배경에 따른 다른 관점에 대한 존중의 계기를 마련하였다.

이어 사회 전반적인 포스트모더니즘과 사회구성주의의 영향으로 이야기치료모델, 해결중심모델이 등장하였으며, 해당 모델들은 체계론적 관점에서의 문제 중심, 전문가 중심을 비판하고 가족평가의 주체를 가족성원과 치료자 모두라고 보고 가족구성원과의 협력을 중요하게 보았다.

이처럼 1990년대에 발전된 많은 개념들과 이론, 모델들은 서로 차이가 있었으나 이러한 것을 수용하며, 다양한 접근을 통합하는 단계로 접어들게 되었다.

## 2. 체계론적 관점의 가족생활

일반체계이론을 통한 가족생활주기 개념에서는 가족발달과제를 가족의 전체 속에서 관계를 확대하거나 축소, 그리고 재편성하는 것으로 보는 것으로, 가족생활주기의 단계는 실제 가족상담 과정에 많은 도움을 준다.

가족역동을 고려한 가족생활주기의 관점에서 문제행동을 이해하면 이는 가족항상성, 이중구속, 거짓 상호작용, 부모의 연합, 세대 간 경계의 확립, 성별 역할의 유지, 가족규칙, 가족신화 등과 관련되어 있다. 해당 개념은 정신분열병의 가족연구에서 발전된 것이지만 현재는 가족관계나 가족역동을 이해하는 데 주요한 관점들이다. 이러한 관점에서 가족의 각 단계를 살펴보면 다음과 같다.

첫 번째 단계는 자신이 태어난 원가족과 앞으로 만들어 갈 결혼가족의 중간에 있으며, 원가족에서는 분리했으나 아직 다른 가족을 구성하지 않아 소속되지 않은 어른의 단계이다. 이 단계에 속한 개인은 원가족에서 자신이 분화했다는 의식을 가지는 것이 중요하며 더 나아가 자신에게 맞는 직업을 찾는 동시에 동료와 친밀한 관계를 형성하는 능력이 요구된다.

두 번째 단계는 결혼에 의한 가족결합이다. 이 과정에서 서로에 대한 헌신의 필요와 그 결과로 새로운 부부체계가 형성된다. 이때 개인은 확대가족이나 친구 사이에서 발생하는 관계를 조절하는 것이 필요하며 결혼을 통해 원가족과의 관계를 새롭게 구성하여야 한다.

세 번째 단계는 어린 자녀가 있는 가족이다. 자녀의 등장은 가족체계에 많은 변화를 요구하는 것으로 부부체계에 새로운 부모-자녀 체계가 더해지는 것이다. 새로운 세대를 가족체계에 받아들이는 것뿐만 아니라 확대가족과의 관계에서의 변화로 이어진다.

네 번째 단계는 청소년기 자녀가 있는 가족으로 자녀가 자립하기 위한 단계이며 부모-자녀 관계에 많은 변화가 발생한다. 일반적으로 청소년기의 자녀들은 가족체계를 드나들며 가족경계를 유연하게 하는 역할을 한다. 이 가운데 가장 이상적인 것은 부모세대가 자녀의 발달단계를 수용하면서 부모로서의 에너지를 부부에게로 전환하는 것이다.

다섯 번째 단계는 자녀가 집을 떠나는 자립의 시기로 젊은 세대가 자립하는 과정에서 가족들의 드나듦이 많아진다. 또한 고령시기에 접어든 조부모는 질병 등으로 부모세대에 의존하게 되며, 자녀들은 사회에서 자립한 성인으로서 역할을 해감으로써 가정에서도 자녀를 동등한 성인으로 인정하는 새로운 부모-자녀 관계의 구성이 중요하다. 그리고 자녀의 결혼과 그들의 자녀 출생은 조부모로서의 역할을 요구한다.

마지막 단계는 노년기로 부모세대는 조부모세대로서 둘만 남게 됨으로써 새로운 관심이나 사회생활이 필요하게 된다. 뿐만 아니라 중간세대가 가족 속에서 더 중심적 역할을 하게 된다. 이들은 윗세대의 지식과 경험을 존중하며 수용하지만 그들에게 의존하기보다는 오히려 그들을 돌보는 위치로 바뀐다. 또한 윗세대의 질병이나 죽음을 경험하게 된다.

가족생활주기별 발달단계를 정리하면 다음과 같다.

### 1) 1단계 : 새로운 가족의 출발

이 단계에서는 두 남녀가 기존의 가족에게서 분리하여 두 사람만의 세계를 구성하는 것으로, 자신들의 기본적인 욕구를 자신의 배우자에게서 충족하려고 노력하게 된다. 이 단계의 발달과제는 다음과 같다.

첫째, 결혼에 따른 바람직한 부부체계의 형성을 위해서는 성숙한 남녀의 결합이 필요하다. 여기에서 성숙은 부모에게서 분리되어 유연한 태도로 여러 사람을 접하지만 개성과 주체성을 가지고 자신의 생활을 영위하는 사람을 의미한다.

둘째, 각자 원가족에서의 정서적 자립을 전제로 하여야 한다. 이 과정이 잘 형성되지 않으면 이어지는 가족생활주기의 단계들도 영향을 받게 된다.

셋째, 기본적인 가족기능을 수행할 수 있는 가족단위가 성립되어야 한다.

거주, 식생활, 취업, 가족건강의 유지의 물리적 요소와 함께 정서적·심리적 요소가 기본적인 기능에 해당한다.

### 2) 2단계 : 어린 자녀를 포함한 가족

이 단계는 자녀의 출생과 자녀가 부모에게 의존하는 상태를 시작으로 순차적으로 몇 명의 자녀가 더해지고 자녀가 어린이집 또는 학교와 같은 가족 이외의 사회에 참여하며 청소년기에 이를 때까지를 의미한다.

이 단계에서의 발달과제는 다음과 같다.

첫째, 자녀의 출생으로 실제 가족단위를 형성하는 만큼 부부단위와 다르게 가족이라는 하나의 집단 또는 체계를 확고히 하게 된다.

둘째, 부부의 적응이 자녀를 위한 심리적·물리적 공간에 영향을 미치게 되는데 발달적 상호작용에서 자녀의 성장, 그에 대한 부모의 대응, 부모관계 등이 함께 다양한 변화를 만들게 된다.

셋째, 부모가 되어가는 과정으로 부모로서의 역할에 적응해 간다. 아버지 어머니로서의 역할, 가정 내 교육과 훈육 등의 역할이다.

넷째, 확대가족의 관계회복으로 부모와 조부모의 역할이 늘어나는 확대가족의 관계발전은 자녀양육과 성장에 중요한 부분에 해당한다.

다섯째, 사회화의 발달로 자녀의 어린이집, 학교 등의 진학으로 가족의 지역 또는 학교와의 교류가 시작된다. 그리고 부모, 자녀 모두 사회화된 이상적 역할을 기대하며 가족이 가족다워져 가는 시기이다.

여섯째, 균형 있는 자녀양육태도의 확립으로 부모로서 건강한 양육을 통해 역할을 수행하는 것이 필요하다.

### 3) 3단계 : 청소년기 자녀의 부모

이 단계에 주로 발생하는 가족문제는 자녀의 반항과 관련된 것으로, 자녀는 부모의 잔소리와 아이 취급을 그리고 부모는 자녀의 무시 등을 이야기한다. 자녀가 가족경계를 넘나들며 가족경계의 확대가 이루어지는 중요한 시기인 만큼 다음의 발달과제가 주어진다.

첫째, 부모-자녀 관계에서 자녀들이 가족체계를 자유롭게 드러나는 허용이 필요하다. 청소년기 자녀는 또래들과 친밀한 관계를 가지고 그들에게서 보호의 역할을 기대하며 부모에게서 벗어나려 한다. 그리고 이성과의 친밀감의 경험도 함께 이루어진다. 그만큼 가족 밖의 새로운 생각, 정보 등을 가족 내로 가져오게 되며 가족은 이런 행동에 얼마나 유연하게 대응하느냐가 중요한 발달과제가 된다.

둘째, 가족경계의 확대에 대한 적응으로 부모의 물리적 공간에 자녀가 없다는 것에서 청소년기 자녀의 이질적이고 새로운 생각을 존중하는 것이 필요하다. 물론 이는 쉬운 일은 아니다. 그 이유는 부모의 중년기 문제와 맞물려 있기 때문이기도 하다.

셋째, 조부모와의 연관된 문제로 연로한 조부모의 돌봄에 따른 문제들이 가족에게 부각될 가능성이 높아진다.

### 4) 4단계 : 자녀의 독립

이 단계는 자녀가 청년기에 접하며 어른의 단계에 진입하여 심리적·물리적으로 가족을 벗어난 세계에서 자신을 찾게 된다.

이 단계에서의 발달과제는 다음과 같다.

첫째, 부모의 부부체계를 보다 긴밀한 협력체계로 구성하는 것이 필요하며, 부부 입장에서 확대된 가족체계 내에서 조부모, 자녀, 자녀의 배우자 등

풍부한 관계를 두루 경험하게 된다.

둘째, 성장한 자녀들을 성인으로 인정하고 안정된 가족관계로 이어가는 것이 중요한 과제이다.

셋째, 자녀와 자녀의 배우자 그리고 손자 등의 새로운 확대가족과 관계형성의 문제도 직면하게 된다.

넷째, 부모노화에 따른 사망으로 겪는 상실감정의 처리도 이 단계의 과제에 해당한다.

### 5) 5단계 : 노년기 가족

가족발달의 마지막 단계로 노화 및 경제적 능력의 저하가 예상된다. 이 단계에서는 첫째, 부부기능 유지와 사회적, 육체적 약화에 대한 대응이 필요하다. 둘째, 중년의 자녀들에게 가정 내 중추 역할을 이양한다. 셋째, 부모의 지혜와 경험을 가족체계에서 활용할 기회를 가진다. 대표적으로 손자녀에 대한 조부모의 바람직한 역할이 될 수 있다.

〈표 2-1〉 가족생활주기의 단계

| 단 계 | 특 징 | 발달과정에 따른 가족 내 변화 |
|---|---|---|
| 1. 가족과 가족 사이의 중간적 존재 : 어떤 가족에게도 소속되지 않은 젊은 성인 | 부모에게서 분리 | • 가족과의 관계에서 자기확립<br>• 친밀한 또래관계의 발달<br>• 직업상의 정체성 확립 |
| 2. 결혼에 의한 가족 결합 : 신혼부부의 탄생 | 새로운 가족체계의 출발 | • 부부체계의 형성<br>• 확대가족이나 친지들이 배우자를 수용 |
| 3. 어린 자녀를 둔 가족 | 가족체계 내의 새로운 구성원 수용 | • 자녀를 포함한 부부체계의 재구성<br>• 부모로서의 역할수행<br>• 부모 또는 조부모의 역할을 포함하는 확대가족관계 회복 |

| | | |
|---|---|---|
| 4. 사춘기의 자녀를 둔 가족 | 자녀의 자립을 인정하는 가족경계의 확대 | • 사춘기 자녀가 가족체계 안과 밖을 자유롭게 드나드는 것을 허용하는 형태로 부모자녀관계가 변화<br>• 중년의 부부문제나 직업 등의 발달과제에 대한 재인식<br>• 노년세대를 배려하는 방향으로 변화 |
| 5. 자립하는 자녀를 둔 가족 | 가족체계 밖에서 생활하거나 가족체계에 새롭게 참여하는 가족의 다양성 | • 부부체계의 새로운 협력<br>• 성장한 자녀와 부모 간의 성인으로서 맺는 관계로 변화<br>• 자녀의 배우자와 손자를 포함한 형태의 가족관계 회복<br>• 부모 또는 조부모의 신체적 · 정신적 장애나 죽음에 대한 대처 |
| 6. 노년기를 보내는 가족 | 세대에 따른 역할 변화의 수용 | • 자신 또는 부부의 기능 유지와 신체적 쇠약에 대한 관심<br>• 새로운 가족관계 또는 사회적인 역할 탐색<br>• 중년세대가 보다 중심적인 역할을 하도록 지지<br>• 연장자의 지혜와 경험을 가족체계 속에서 살리는 기회 형성<br>• 배우자, 형제, 동료의 상실에 대응, 자신의 죽음을 준비, 인생의 통합 |

## 3. 기능적인 가족

가족을 대상으로 하는 상담의 목표는 가족이 원활한 기능을 할 수 있도록 하는 것이다. 이런 기능적인 삶을 위해서는 내담자의 현재 기능을 평가하는 것이 선행되어야 한다. 하지만 가족의 건강수준을 평가하는 것은 생각보다 힘든 과정이다.

올슨과 드프레인은 건강한 가족은 응집력과 적응력 그리고 의사소통의 특성이 있음을 주장하였다. 바로 가족에 대한 관심과 시간 보내기에 해당하는 응집력, 스트레스를 다루는 능력과 정신적 안녕을 포함하는 적응력 그리고 긍정적 의사소통과 가족에 대한 감사, 애정을 표현하는 것을 파악하고자 한 것이다. 이러한 과정은 가족의 실패에 대한 초점보다 성공적인 가족을 위한 방법으로 초점을 전환하는 계기가 되었다.

이들은 건강한 가족의 개념을 배려와 헌신, 감사와 애정, 긍정적 의사소통, 즐거움의 공유, 정신적 안녕, 스트레스와 위기대처로 바꾸었으며, 기능적인 가족의 특징을 다음과 같이 정리하였다(DeFrain, 2007).

첫째, 가족들은 서로 사랑하고 감사하며 지지를 주고받는다.

둘째, 긍정적인 의사소통을 한다.

셋째, 가족들은 위기 상황에서도 서로 헌신하고 함께한다.

넷째, 가족은 정기적으로 함께하는 시간을 가진다.

다섯째, 가족은 한 팀이 되어 스트레스나 위기상황을 관리한다.

여섯째, 가족의 힘으로 해결하기 어려운 상황에 도달했을 때 이를 극복하려는 정신적 건강함을 가지고 있다.

이와 관련하여 여러 학자들이 언급한 가족의 기능적 평가 기준들을 살펴보면 다음과 같다.

### 1) 친밀함과 자립

가족 간의 친밀성은 사랑하는 능력과 직결되는 것으로 가정생활에 있어 중요한 요소이다. 친밀감은 스스로가 다른 사람을 받아들일 수 있는지와 타인에게 스스로를 드러낼 수 있는지가 중요하다. 타인과 특정한 친밀관계를 가지지 못하는 사람은 살아가면서 많은 어려움을 겪게 된다.

자립성은 친밀감과는 대조적으로 이해될 수 있으나 타인과의 친밀감의 유지와 함께 자립적인 모습을 형성한다는 것에 중요성을 가진다. 특히 자립은 스스로 두 발로 일어남과 동시에 필요한 경우 타인에게 기댈 수 있는 능력까지 포함한 개념이다. 따라서 자립은 자율과 의존이 조화를 이루는 상태를 의미한다.

### 2) 응집력의 양과 유형

각각의 가족구성원들이 가족이라는 하나의 집단을 구심으로 모이고 하나가 되는 것은 매우 중요하다. 특히 응집력은 이러한 가족을 유지하는 데 중요한 역할을 하며, 전체로서의 가족뿐만 아니라 가족구성원 개개인의 개별화 추구와도 관련성이 있다. 따라서 가족이 얼마나 응집력을 가지는가만큼이나 가족이 어떻게 응집력과 개별성의 조화를 이루는가도 중요하다.

### 3) 가족 내 의사소통

가족의 의사소통은 잘 기능하는 가족을 판단하는 중요한 지표이다. 의사소통 방식을 이해하는 요소로 명료한 대화를 위한 격려와 가족의 자발적인 대화, 충분한 의사소통의 기회 제공 등이 제시되고 있다. 최근에는 칭찬, 지지 등의 가족 내 긍정적 의사소통에 관심이 높아지고 있다.

그리고 개인적 차원에서도 자신과 다른 사람에 대하여 보고, 듣고, 느낀 것을 분명하게 말할 수 있는 것이 건강하게 살아가는 방법이 된다.

### 4) 위기에 대처하는 능력

위기는 사전적으로 나쁜 결과를 초래할지 모르는 위험으로 불안할 때를 의미한다. 그러나 치료적 입장에서의 위기는 어떤 단계에서 새로운 단계로 이행할 때 발생하는 문제라고 볼 수 있다. 따라서 이 위기를 어떻게 다루고 접근하느냐가 사람들의 삶의 질적 향상과 개인의 성장으로 이어지게 된다. 가족 스트레스 이론에서는 가족들의 문제를 얼마나 잘 대처하느냐가 가족체계의 적응에 영향을 준다고 설명하고 있다.

### 5) 자존감의 형성

가족들의 자존감 획득은 가족 간 삶과 관련된 질문에 스스로 답할 수 있느냐를 기준으로 확인할 수 있다. 사람들은 이상적 자기상을 기준으로 살아가므로 현재에 만족하지 못한다. 이러한 불만은 자신뿐만 아니라 가족들에게 확대되는 경우가 대부분이다.

가족 내 한 개인이 자존감을 확보한다는 것은 가족 간의 차이를 인정하는 것이 전제되어야 한다. 차이를 인정하는 가족 분위기는 개인이 자신의 감정을 있는 그대로 받아들이며, 자신을 변화성의 존재로서 인식함과 동시에 확신을 통해 자존감을 향상시키게 한다.

이처럼 가족 내에서 구성원의 차이를 인정하는 분위기에서 개인은 자존감을 획득하게 한다.

CHAPTER 03

# 가족체계이론과 가족문제

## 1. 가족하위체계, 가족경계, 인과관계

### 1) 가족하위체계

개인은 가족이라 불리는 보다 큰 체계의 하위체계이다. 그리고 가족은 지역사회의 하위체계의 한 부분이며, 지역사회는 국가라는 체계의 한 부분이다.

체계를 지향하는 가족상담자는 어떤 개인에게 존재하는 문제가 다른 가족들의 행동에 의해 유지된다고 본다. 그 이유는 가족구성원의 문제는 가족체계의 다른 구성원과 영향을 주고받기 때문이다. 따라서 가족구성원의 역기능적 행동은 가족체계의 문제를 나타내며, 이는 개인의 성격 특성이 아닌 역기능적 상호작용의 결과에 해당된다.

체계로서의 가족은 부부하위체계, 형제하위체계, 여성하위체계, 남성하위체계와 같은 많은 하위체계를 가진다. 뿐만 아니라 각각의 가족구성원은 여러 개의 하위체계에 동시에 속하기 때문에 한 구성원은 다른 구성원들과 보완적 관계를 가지게 된다.

가족체계 내에서 가장 기초가 되는 부부하위체계의 역기능은 부부의 갈등상황에서 한쪽 부모가 다른 부모에 대응하기 위해 자녀와 동맹을 맺거나 자녀를 희생양으로 삼기도 한다. 또한 자녀의 결혼 상호작용 모델로서 남녀간의 관계, 헌신을 가르치기도 한다.

부모하위체계는 적절한 아동양육, 지도, 한계설정 및 훈육에 대해 중요한 책임감이 있다. 부모는 부모하위체계를 통해 적절하게 권위를 사용할 필요가 있고 자녀는 불평등한 권력의 상황에서 협상의 방법을 배우게 된다.

형제자매 하위체계는 아동기 또래집단으로 해당 집단의 참여를 통해 협상, 협동, 경쟁, 상호지지 그리고 친구와의 애착유형을 발전시킨다. 이 과정의 대인관계 기술은 이후 학교나 직장에서의 인간관계에 영향을 미친다.

이처럼 모든 가족하위체계가 생존하는 방법들은 하위체계를 통해 가족기능에 영향을 미치게 된다.

## 2) 가족경계

체계는 경계선을 통해 그 자체의 독특성을 유지하며, 외부로부터 정보를 주고받거나 체계와 체계 간의 상호작용이 이루어진다. 한 체계가 내보낸 정보는 다른 체계의 경계선에 의해 걸러지고 받아들여지며, 환경과 체계 간 또는 체계들 간 정보의 흐름과 피드백을 조절하거나 통제하는 역할을 한다 (Nichols & Everett, 1986).

가족체계에 있어 경계는 관계의 성격을 나타내는 행동유형과 가족의 관습이나 가훈이 가지는 가치를 근거로 만들어진다.

건강한 가족경계선은 완전 개방도 아니며, 너무 폐쇄적이거나 경직된 상태도 아니고 혼돈스럽지도 않다. 건강한 경계는 하위체계들이 필요한 자원을 얻을 수 있을 만큼 충분히 개방되어 있으며, 그 하위체계가 하나의 전체성을 유지할 수 있을 정도로 폐쇄적인 것을 의미한다.

### 3) 인과관계

직선적 인과관계(linear causality)는 원인에 의해 결과가 일어난다고 생각하는 것이며, 순환적 인과관계(circular causality)는 원인에 의해 결과가 일어나고 그 결과가 다시 원인이 되어 어떤 결과를 가져오는 것을 의미한다.

예를 들어, 부부 상담을 신청한 가운데 남편은 자신의 문제는 없으니 아내를 치료해 달라고 하고 아내는 반대로 자신의 문제가 아니니 남편을 치료해 달라고 요청하는 것은 주체와 객체가 바뀌면서 직선적인 구조를 가지게 되는 것이다. 순환적 인과관계는 가족치료에서 자율통제기능을 설명하는 가장 기본이 되는 원리이다(Hoffman, 1981). 따라서 가족상담자는 가족문제의 형성에 있어서 직선적 인과관계와 순환적 인과관계의 다른 점을 인식하고 살피는 것이 필요하다.

이처럼 순환적인 관점을 추구하는 가족치료자는 문제와 원인이 아닌 가족 내에서 일어나는 관계의 순환을 추구한다. 이들은 어려움을 겪는 가족의 순환적 인과관계를 파악하고 최소의 노력으로 새롭고 건강한 순환적 인과관계를 만들어 내는 데 관심을 둔다.

## 2. 가족체계의 주요 개념

가족체계는 여러 기능의 균형적 유지에 필요한 자기조절능력을 가지며, 하나의 체계로서 고유한 특성으로 규칙, 역할, 세력, 구조, 의사소통을 발전시키는 사회체계이다.

### 1) 항상성

항상성(homeostasis)은 현재 상태의 유지와 변화에 대한 저항을 통해 안정

상태나 균형을 찾으려는 체계 내의 경향성을 말한다. 모든 체계는 일정한 상태나 바람직하고 안정적인 균형을 유지하려는 경향이 있어 체계가 일정한 상태를 유지하기 위해서는 피드백망이 중요한 역할을 한다.

가족치료에서는 항상성 또는 부적 피드백의 개념으로 가족문제가 변화에 대한 저항이 계속되며, 정적 피드백 또는 변화로 인하여 가족문제의 변화를 시도하는 악순환적 행동이 계속된다고 보고 있다(Piercy et al., 1986).

이처럼 항상성은 변화를 통하여 안정성을 유지하는 과정이면서 동시에 안전성을 유지하기 위한 변화 과정에 해당한다. 특히 인간은 변화와 항상성 사이에서 안정상태(steady state)를 발달시키며, 능동적인 인간유기체는 안정을 바라는 동시에 변화를 추구한다.

## 2) 가족삼각관계

정서적 관계가 성립된 가족구성원들 중 두 사람으로 구성된 이인체계는 불안과 긴장으로 인한 안정의 어려움을 가진다. 특히 두 사람 사이의 갈등 상황에서 이인체계의 긴장을 줄이려는 행동으로 제3자나 문제를 끌어들여 삼각관계를 형성한다. 가장 보편적인 삼각관계가 아버지와 어머니 그리고 자녀 세 사람의 삼각관계이다.

삼각관계는 이인체계 속에서 긴장과 불안을 경험하는 사람이 제3자 또는 문제에 관심을 가지며 발생하며, 종종 두 사람 모두가 삼각관계 내 제3자의 이익을 얻기 위한 투쟁을 벌이기도 한다.

삼각관계는 가족관계유형에서 잘못된 형태로 존재할 수도 있다. 특히 여러 병리적인 문제를 초래할 수 있는 잠재적 요소로 체계의 갈등과 해체를 발생시킬 수 있다. 대표적으로 부모 세대와 다른 세대에 속하는 자녀가 만들어 내는 유형의 예를 들면, 남편과 갈등관계에 있는 어머니가 큰아들에게 아버지의 역할을 기대하는 경우이다. 객관적으로 어머니와 아들의 연합이 확인되었으나 스스로는 인정하지 않고 부정하기 때문에 그 상태를 지속하고 정형화된 관계유형을 가지며 병리적 상황으로 이어진다.

가족삼각관계는 삼각과정을 통해 많은 대안들이 삼각관계를 형성하기 위하여 사용될 뿐 제3자나 대상이 반드시 개입되는 것이 아니기 때문에 삼각관계가 항상 가족병리의 지표가 되는 것은 아니다.

### 3) 가족규칙

가족은 규칙에 지배되는 체계로 가족성원의 조직적이고 반복적인 행동 유형에 따라 가족생활을 지배하는 원리로 보여질 수 있다. 그리고 그 가운데 가족이 공유하는 규범과 가치의 기제가 가족규칙이다.

이러한 가족규칙은 가족성원의 행동을 통해 파악되며, 대표적으로 의견 불일치로 인한 가족안정의 위협 시 가족은 희생을 감수하고라도 겉으로 조화를 이룬 것처럼 행동한다.

### 4) 가족신화

가족신화(family myth)는 가족성원 개개인과 그들 사이의 관계에 대한 기대와 공유되는 믿음을 기반으로 구성된다. 따라서 가족성원은 자연스럽게 가족신화에 자동적으로 합의하게 되며, 이는 가족성원의 행동을 결정할 뿐만 아니라 특정한 가족관계를 나타내 주기도 한다.

가족신화를 알아가기 위해서는 가족이 어떤 행동의 결과에 대한 원인을 어디에서 찾으려 하는지를 파악하는 것이 중요하며, 이를 토대로 가족치료의 목표를 정하고 가족의 저항을 최소화할 필요가 있다.

### 5) 가족의식

가족의식(family ritual)은 가족의 발달적 전이와 변화를 촉진시키는 등 가족생활에 중요한 역할을 하는 것으로 결혼식, 생일파티, 장례식 등이 해당된다.

가족의식을 알기 위해서는 '쉬는 날 가족과 하는 활동', '생일날 가족이 당신을 위해 하는 일'의 간단한 질문을 통한 표면적 의식을 확인할 수 있으며, 더 나아가 혼란스럽거나 포기한 의식에 대한 가족의 반응, 특히 감정적 반응을 파악하는 것이 중요하다.

### 6) 가족하위체계

가족체계는 하위체계로 분화되고 하위체계를 통해 가족체계의 기능을 수행한다. 각 가족성원들은 동시에 몇 개의 하위체계에 소속되고 그 수의 제한 없이 하나의 단위로서 각 구성원들을 조직할 수 있다. 그리고 다른 하위체계에서 다른 수준의 세력으로 다른 역할과 기술을 수행하며, 가족 내 다른 하위체계 구성원들과 다르게 상호작용할 수 있다.

가족의 하위체계에는 부부, 부모, 형제, 부모-자녀 등의 하위체계가 있으며, 각각 고유의 기능과 특성을 가진다.

### 7) 가족경계

경계선은 가족규칙으로 형성된 성원 간의 정보를 규정하는 것으로 만들어지며, 두 하위체계 간의 경계선의 영향으로 하위체계 간 정보전달이 통제되거나 규정된다. 이는 개인과 개인, 하위체계와 하위체계 간의 경계가 어떠한가에 따라 명료한 경계, 애매한 경계선, 경직된 경계선으로 구분된다.

명료한 경계를 가진 가족의 부모는 자녀들이 부부하위체계에 지나치게 참여하는 것을 허용하지 않는 불침투성 경계선을 가진다. 더불어 이러한 가족의 부모는 부모하위체계의 자녀에게 인정하고 포함시키거나 침투하는 것을 허용하는 유연한 경계를 가진다.

### 8) 격리와 밀착

격리와 밀착(disengagement & enmeshment)은 가족이 서로 얼마나 관여되어 있는지를 파악하는 개념이다.

밀착된 가족은 애매한 경계선을 주로 사용하며, 구성원의 모든 문제에 필요 이상으로 관여한다. 다른 한편으로 가족들의 약한 밀착은 침묵과 위축으로 고립되거나 친밀성이 부족한 가운데, 거짓 친밀성으로 가족신화를 보이기도 한다.

격리된 가족은 경계선이 경직되어 구성원이 흩어져 버리는 것으로, 경계선의 경직과 부모와의 낮은 연합으로 부모에 대한 존중감이 낮다. 이는 청소년기 자녀가 다른 강력한 연합을 추구하는 결과로 나타나기도 한다.

### 9) 부모화

부모화(parentification)는 자녀가 가족 내에서 부모와 배우자의 역할을 대신 수행하는 것을 의미한다.

부모화된 아이는 체계가 잘 기능하는 가족에서 자신의 나이 이상으로 책임감, 능력, 자율성 등을 발전시킬 수 있으나 대부분은 한쪽 부모의 적절하지 못한 역할에 대한 대용물로서 역할을 하게 된다.

이는 자녀가 가지는 욕구와 상충되는 것으로 부모화된 아이는 심리적 압박 등을 느끼며, 발달과업의 수행에도 위험한 영향을 미치게 된다.

## 3. 전체로서의 가족

가족은 개개인이 속한 문화를 통해 습득한 가치관을 토대로 정의되기 때문에 시대나 사회, 문화에 따라 사람들이 그리는 가족의 모습은 다르다. 그럼에도 많은 학자들은 사람들이 각자 그리는 다양한 가족에서 발견한 '상호작용'을 가족의 핵심요소로 본다.

따라서 가족상담에서는 가족구성원 개개인의 특성보다는 가족들의 상호작용을 파악하는 것이 중요하다. 그리고 이를 위해서는 가족을 집합체인 전체로 이해하고 서로 간 어떻게 관계하는지를 파악해야 한다.

다음의 사티어(V. Satir)의 임상사례는 체계론적 가족상담을 이해하는 데 도움이 된다(김유숙, 2023).

"저는 오늘 이 자리에서 지금까지 다양한 것들을 어떤 경로를 통해 통합해 왔는지에 대해 간단히 말하려고 합니다. 지금까지 언급할 사례에서 배운 것이 오늘날 저의 치료방법의 기초가 되었습니다. 그것은 1951년 봄으로 거슬러 올라갑니다. 28세 여성이 조현병이라는 진단명으로 제게 왔습니다. 그 여성을 6개월 정도 만나다 치료에 변화가 보이기 시작했습니다. 그런데 이때 그녀의 어머니로부터 제가 딸과 자신의 관계를 악화시키고 있기 때문에 소송을 걸겠다고 위협적인 전화를 받았습니다. 저는 어머니와 통화를 하면서 어머니의 말에는 두 가지 메세지가 포함되어 있다는 것을 알았습니다. 어머니의 말은 위협적이었지만, 목소리는 애원을 하고 있는 것 같았습니다. 그래서 저는 앞부분의 위협적인 것은 무시하고 그녀가 보내는 애원의 메시지에 집중했습니다. 그래서 딸과 함께 치료에 오도록 권유했고 어머니는 주저없이 제 제안을 받아들였습니다. 그런데 어머니의 치료가 시작되자 딸은 제가 그녀를 처음 만난 날의 상태로 되돌아가 버렸습니다."

사티어는 어머니와 딸의 만남을 통해 증상의 변화와 가족 내 의사소통 사이에 어떠한 상호작용이 있다는 것을 알게 되었다. 특히 언어와 다르게 비언어적으로 전달되는 신호체계에서 '가족 전체'를 도움의 대상으로 보았고 가족 내 의사소통에 언어적 메시지와 정서적 메시지의 모순이 주는 강력한 영향력을 이해하게 되었다. 그에 따라 가족상담의 대상을 딸과 어머니의 관계를 넘어서 형제까지 포함하는 가족 전체로 확대하게 된다.

이렇게 사티어는 어머니와 딸의 만남을 통해 증상의 변화와 가족 내 의사소통 사이의 상호작용을 알게 되었으며, 가족체계이론에 기초한 가족 내 의사소통 문제에 접근하는 가족치료를 시행하게 되었다.

전체로서의 가족을 이해하기 위해서는 가족이 어떤 사람인지보다 가족이라는 조직 안에서 잘 기능하는 것이 어떤 것인지를 이해하는 것이 더욱 중요하다. 가족은 시간의 흐름에 따라 남녀 사이에서 점점 더 복잡한 구조로 성과 세대를 구성하며 다양한 관계의 구성원들이 정서적 연결을 갖추게 된다.

가족은 남편, 아내, 형, 동생과 같은 각자 정해진 지위를 가지면서도 서로 얽힌 가족의 덩어리로 상호작용하며 집합체로서 가족의 모습을 가진다. 그리고 가족이 서로의 욕구를 인정하는 관계는 이성적인 힘보다는 정서적 결합에 의해 유지된다. 이러한 정서적 관계는 애정과 미움의 감정적 뒤엉킴이 존재한다는 것으로, 복잡한 가족관계에서 위기를 경험하는 것은 당연한 과정이다.

다음 예시는 각 개인의 특성보다 가족의 상호작용에 집중해야 하는 이유가 될 수 있다.

**개인별 관찰기록**

김현수 : 40세 은행원으로 키가 크고 마른 편이며 조용함
이연순 : 39세 가정주부로 키가 작고 예쁘며 활발함
김애란 : 9세 조용하고 책읽기를 좋아함
김창호 : 5세 활동적임

**가족묘사 1**

즐거운 저녁식사 시간이다. 이연순 씨가 오늘 힘들었던 이야기를 꺼내자 김현수 씨는 어떤 면에서 힘들었는지 묻는다. 이들은 가족들이 이야기하는 것을 열심히 들으면서 서로 다르게 생각하는 점에 다가가기 위해 타협점을 찾으려고 노력한다. 김현수 씨와 이연순 씨는 애란과 창호가 다투면 자녀들에게 어떤 문제가 있었는지를 직접 확인하면서 문제를 해결하려고 노력한다. 이처럼 저녁식사 시간은 가족이 가진 어려움을 확인하고 해결하는

데 도움이 되는 시간이다. 식사가 끝나면 아이들은 자발적으로 주부 이연순 씨를 도와서 설거지를 하며, 김현수 씨는 아내에게 '오늘 저녁도 맛있었다', '수고했다' 등의 애정표현을 한다. 함께 있는 것을 즐길 줄 아는 가족이다.

**가족묘사 2**

불행한 저녁식사 시간이다. 식사시간 내내 이연순 씨 혼자서 이야기를 하는데, 대부분은 누군가를 비난하는 내용이다. 예를 들면, 식사시간에 아이들이 버릇없게 군다고 꾸짖거나 지난 일요일 김현수 씨가 했던 집안일이 잘못되었다는 등의 이야기가 계속 이어졌다. 김현수 씨는 이런 부인의 태도를 무시한 채 묵묵히 저녁밥을 먹고, 이연순 씨는 남편의 이 같은 태도에 더욱 화를 낸다. 아이들이 큰 소리를 내면서 다투지 않으면 부모들의 관심을 끌기가 어렵다. 이연순 씨가 가족에게 각각 해야 할 집안일을 지시하는 것으로 식사는 끝난다. 함께 식사를 하는 것이 즐겁지 않은 시간이다.

제시된 예시에서처럼 동일한 가족이라도 각 개인의 성격적 특성을 어떻게 조합하느냐에 따라 전혀 다른 가족 분위기를 나타낼 수 있다. 같은 구성원이라도 다른 가족 패턴을 만드는 것은 가족이 서로 영향을 주고받으며 그들만의 독특한 양식을 만들기 때문이다. 따라서 가족상담에서 가족을 전체로 이해하기 위해서는 가족들이 상호작용을 통해 서로 어떻게 관계하는지를 파악하는 것이 중요하다.

가족을 전체의 관점으로 보면 다음의 특징을 가진다.

첫째, 가족은 하나의 사회체계로 부부, 부모-자녀와 같은 하위단위로 존재한다. 그리고 가족구성원 간의 행동은 상대적인 것으로 구성원의 행동이 다른 구성원의 욕구에 의한 역할기대에 따르며, 이는 일반적으로 '이렇게 해야 한다'는 사회적 가치나 규범의 범위에서 결정된다.

둘째, 가족구성원 간 역할의 인정과 안정된 수행 그리고 서로의 애착, 존경 등으로 이어지는 정서적 결합이 중요하다. 이러한 인간관계의 정서적 측면을 응집력 또는 정서적 통합성이라 한다.

셋째, 가족생활은 가족자원의 영향을 통해 가족의 집단활동과 가족 내 정서적 결합이 바람직한 상태로 유지되는 권위구조와 의사소통, 구성원의 기능이 이루어진다.

넷째, 가족은 이질적인 구성으로 성과 연령에 따라 남녀노소로 구성된다. 이는 목적 수행을 위해 구성되는 이차집단과는 구별되는 것으로 가족의 심리적 만족의 조건인 동시에 이질적 욕구에 따른 긴장의 이유가 된다. 따라서 가족의 이익을 추구하는 강한 공동체적 성격과 쉽게 곤란해지는 허약함을 가진다.

전체의 관점에서 가족을 다룸에 있어서 상담자들은 한두 가지 요인만으로 가족기능의 건전성을 판단하지 않는다. 이는 건강한 가족 여부보다는 가족이 취약할 수 있는 위기를 명료화하고 가족의 변화 추구가 필요한 사실을 받아들이도록 하는 것이 중요함을 의미한다.

이처럼 상담자들은 현장에서 지나치게 가족의 정의에 몰두하기보다 함께 참여하는 집합을 가족이라고 여기고 그들과 작업해 나갈 필요가 있다.

PART

02

# 가족상담의 이해

CHAPTER 04

# 가족상담의 영역

최근 가족상담에 대한 관심이 높아지고 있지만, 가족상담을 독립된 치료적 개입방법이라기보다는 임상적 문제에 접근하는 한 방법으로 생각할 수 있다. 그러나 가족을 '전체로서의 가족'이라는 관점으로 본다면, 가족상담이 가장 적절한 개입방법이 될 수 있음을 알 수 있다.

가족단위의 상담에서 볼 때 가족이 가진 모든 심리적 문제는 가족상담의 주제가 될 수 있다. 따라서 상담자는 현재 상담에 참여하는 사람의 인원수에 관계없이 가족 전체를 평가와 개입의 대상으로 볼 수 있어야 한다. 더불어 가족상담이 어떤 경우에 더 유용한지에 대한 구체적 검토를 통해 상담의 효율성을 높일 수 있어야 한다.

가족상담은 가족의 역기능 또는 이와 관련한 호소가 있을 때 권장된다. 하지만 그 스펙트럼이 상당히 포괄적이어서 기준이 애매한 경우가 많다. 뿐만 아니라 무엇을 역기능으로 볼 것인지 또한 표준이 없어 가족상담을 적용하는 기준을 명확히 할 필요가 있다.

아마도 다음의 기준점들이 가족상담 적용의 지표가 될 수 있을 것이다(Walrond-Skinner, 2014).

첫째, 어떤 증상이 역기능적인 가족관계에 얽혀 있다고 판단될 경우이다.

증상이 가족 전체의 고통이나 역기능을 표현한다고 판단된다면, 가족상담이 최선의 선택이 된다.

둘째, 도움을 요청하는 대상의 호소가 특정 가족구성원의 문제보다 가족 간의 관계변화에 있다고 판단될 경우이다. 부부관계, 부모-자녀관계, 형제 간의 갈등을 호소하는 것이 대표적인 예이다.

셋째, 가족이 분리되는 것에 어려움을 겪는 경우로, 특히 아동청소년의 문제행동의 이면에는 분리에 대한 갈등이 내재된 경우가 많다. 이러한 경우 가족상담의 개입이 상당한 효과를 나타낸다.

## 1. 가족형성기, 가족형태 문제

### 1) 가족형성기 문제

#### (1) 핵가족 문제

인생주기에 첫 가족이 구성되는 것은 큰 의미를 가진다. 한편으로는 가장 복잡하고 어려운 전환과정에 해당하기도 한다. 서로 다름을 이해하고 받아들이는 과정과 동반되는 전혀 다른 복잡한 체계가 결합하는 혼란과 기쁨의 경험을 함께 거치게 된다.

결혼을 통한 부부의 원가족 구성은 독립적인 하위체계를 형성하기 위해 기존 원가족과의 관계에 변화를 가져오게 된다. 이 변화는 원가족과의 분리를 거치는 것으로, 분리의 경험이 충분치 못할 경우 새로운 가족 구성에 여러 어려움이 나타날 수 있다. 따라서 상담자는 새로운 가족의 구성 단계에 있는 부부에게 자신들의 생활에 적응할 수 있도록 새로운 관계에 정체성을 마련하도록 하여야 한다.

부부간 심각한 의견불일치, 의사소통 문제, 문제해결능력 결여 등으로 겪는 어려움은 상담이 부부문제 해결의 역할을 할 수 있다. 하지만 이런 경우 부부 중 한 사람만 상담에 참여하는 것은 문제해결에 도움이 되지 않을 수 있으므로 공동으로 이루어지는 부부상담을 선택하는 것이 바람직하다. 만약 개인적 문제의 중요성이 부각될 경우에는 부부 모두가 상담에 참여하도록 하면서 동시에 개별적인 문제를 다루어야 한다.

### (2) 한부모 또는 재혼 가정의 문제

한부모가정의 증가는 자녀양육의 부담을 포함해 한쪽 부모가 해결해야 할 수많은 문제에 직면하도록 한다. 스스로 감당하기 어려운 수준의 스트레스에 놓인 한부모는 가정이나 자신의 조절능력을 상실할 수 있다. 따라서 상담자는 한부모가정이 가지는 긴장과 스트레스를 중재할 수 있도록 도와주어야 한다. 그 이유는 시간이 지남에 따라 자녀의 양육, 경제적 도움, 면접교섭 등에 관한 문제들이 발생하기 때문이다.

한부모가정의 경우 한쪽 부모의 부재로 인해 다른 한쪽 부모는 역할의 피로와 고독감을 경험하며, 자녀 역시 발달과정 이상의 성숙한 역할을 해야 한다는 역기능을 나타낼 수 있다. 상담과정에서 이러한 문제들을 충분히 다룰 수 있다면 한부모가정 문제 해결에 큰 도움이 된다.

재혼가정은 결혼의 경험이 있는 배우자와 한 명 이상의 자녀로 구성된 가족을 말하며, 혼합가정이라 부르기도 한다. 재혼가정은 이전의 가족생활주기를 유지하면서 새로운 가족생활주기를 시작하게 된다. 한쪽 부모에 대한 상실경험은 더 많은 어려움을 나타낼 수 있으며, 가족관계에서 보다 더 많은 관계가 얽혀 있어 복잡한 문제를 드러낼 수 있다는 점에서 상담자의 도움이 필요하다.

## 2) 가족형태의 문제

### (1) 다문화가정

다문화가정은 우리와 다른 민족, 문화적 배경을 가진 사람이 구성원으로 포함된 가족을 가리킨다. 여기에는 결혼이민자가정, 북한이탈주민가정, 외국인 근로자 가정 등이 포함된다.

특히 우리나라에서는 1990년대 농촌 총각의 결혼 주선의 방안으로 저개발국 여성과의 결혼 과정이 파행적으로 이루어지며 국제결혼이 증가한 가운데 이주여성에 따른 다문화가정의 증가가 뚜렷하게 나타났다. 이들 가정은 고부갈등, 자녀양육 등의 어려움으로 가족해체, 가정폭력 등의 가능성이 높아 불안정한 경우가 상당수 존재했다.

한국 사회가 가진 국제결혼에 대한 사회적 편견과 문화적 차이는 가족 간 의사소통의 어려움에 이은 갈등과 소외로 이어지며 가족해체의 결과로 나타나는 경우가 많았다.

다문화가정의 경우 경제적 어려움이나 사회적 고립도 큰 문제이나, 특히 자녀들에 대한 적절한 양육이 가장 큰 어려움으로 부각된다.

### (2) 장애를 가진 구성원을 둔 가정

가족구성원의 장애는 가족들에게 여러 가지 부담을 유발하는 이유가 되기도 한다. 특히 심리적·신체적 스트레스는 보호자에게 큰 영향을 미치며, 심리적 부담을 높이게 된다. 이런 경우 학대 또는 부적절한 양육으로 이어지거나 보호자의 부적응을 나타낼 가능성을 높인다.

장애를 가진 자녀의 경우 다른 형제들의 성장에도 영향을 미칠 수 있다. 장애를 가진 형제에게 쏠린 관심으로 인한 소외감과 차별감은 장애를 가진 형제에 대한 미움과 질투로 확대되기도 한다. 이와 함께 장애를 가진 가족을 돌보는 가족구성원의 힘들어하는 모습은 무의식적으로 가족에 대한 부정적 감정을 갖게 한다. 이는 학교나 사회생활에서의 부적응으로 나타날 수 있다. 이처럼 장애를 가진 구성원을 둔 가족은 가족 전체에 영향을 미치며 가족관계와 가족기능을 저하시킬 수 있다.

## 2. 자녀양육기, 청소년기 자녀문제

### 1) 자녀양육기 문제

#### (1) 맞벌이가정

맞벌이가정의 증가는 배우자와의 관계 등 가족 내 새로운 문제에 직면하게 한다. 여성의 경제활동참가율의 증가는 경제적, 사회적 이유에 따른 것으로 국가에서도 일과 육아 병행 정책을 적극적으로 펼치고 있다. 특히 2020년 기준 30대 여성의 78.4%가 경제활동에 참여하고 있어서 맞벌이가정의 증가는 계속 이어질 것으로 예상된다. 그러나 결혼 후 육아와 일의 병행은 쉽지 않은 상황임에도 경제적인 문제와 자아실현이라는 복합적인 원인으로 맞벌이가정의 증가는 지속될 것이다.

맞벌이에 따른 가장 큰 어려움은 사회생활 속에서의 남녀평등과 가사 분담 및 자녀양육의 문제이다. 2000년 전후로의 가족문화의 혁신은 부부간의 역할 평등, 수평적 부모-자녀 관계의 변화를 가져왔으나 가사노동과 자녀양육의 책임은 여전히 여성의 역할이라는 의식이 그대로 남아있다.

맞벌이가정의 형성과 더불어 역할과 인식에 대한 합의점을 찾지 못하는 경우, 부부관계는 여러 갈등을 맞이할 가능성이 높다. 이런 상황에 한쪽 배우자만의 상담을 통한 치료적 개입은 한계가 있을 뿐만 아니라 상담자는 한 측면의 인식과 감정만을 다루게 된다. 이에 상담자는 가족 상담에 부부를 함께 만나 양쪽의 필요와 걱정을 명료화하며, 그들의 생활과 새로운 규칙에 대한 협상이 이루어지게 도와야 한다. 이 같은 가족구성원의 욕구가 고려된 합의점의 발견이 지속적인 변화를 가져올 수 있다.

### (2) 아동 양육의 문제

가족의 구성이 확대가족에서 핵가족으로 변화하는 가운데 자녀 문제에 어려움을 호소하는 부모가 늘고 있다. 자녀 문제는 가족구성원의 상호작용이 반영되는 문제로 가족상담이 효과적이다. 특히 자녀양육에서의 부부간 의견 불일치는 가족 내 스트레스와 불안정을 증대시키는 결과로 이어지기 때문에 신속하게 해결되어야 한다. 더구나 이러한 스트레스는 자녀의 일탈행동으로 이어지는 계기가 되기도 한다. 이런 점에서 가족상담은 가족 내 문제의 지속과 역할을 정확하게 평가하는 효과적인 방법이며, 문제행동의 아동과 가족 사이에 나타나는 역기능적인 상호작용의 변화를 돕는다.

아동의 경우 학교에서의 문제행동으로 인한 상담에 참여해야 하는 경우가 발생할 수도 있다. 이때 아동의 일탈행동에 대한 상담은 부모, 형제, 교사를 평가범위 내에 포함시키는 것이 효과적이다. 이는 학교체계뿐만 아니라 가족이 상담과정에 참여하면서 형성되는 협력적 관계가 아동의 변화를 이끄는 데 가장 효과적이기 때문이다.

## 2) 청소년기 자녀 문제

청소년기는 심리적으로나 신체적으로 불안정함으로 인한 다양한 표현들이 드러날 수 있는 시기이다. 그 가운데에서도 내면화되거나 외현화된 행동들은 우울, 자살, 폭력과 더불어 각종 부적응의 문제를 나타낼 수 있다. 그럼에도 청소년을 대상으로 하는 상담은 청소년의 낮은 동기화로 인한 어려움이 가장 뚜렷하게 나타난다. 이는 청소년 스스로가 필요하다는 인식으로 참여하는 상담이 아닌, 부모가 강제로 상담과정에 참여시킨다는 점에서 상담관계를 형성하는 데 어려움을 겪는다.

부모의 기대감과 자녀들이 느끼는 불신감의 공존은 청소년기 우울과 불안의 원인이 되기도 하며, 극단적인 상황을 야기하는 경우도 발생한다. 이런 점에서 상담자는 가족이 청소년을 더 잘 이해할 수 있도록 도와야 한다. 상담자는 가족에게 부모의 지나친 기대와 압력이 자녀들에게 반응적 우울을 야기할 수 있음을 이해시키는 것이 중요하다.

한편 최근 청소년들의 행동 표현은 사소한 일에 화를 내는 것을 넘어 부모에 대한 난폭한 대응 또는 반대로 침묵을 택하는 것으로 나타나지만, 이런 가운데에서도 원만한 학교생활과 교우관계를 유지하는 경향을 보인다. 이런 가운데 한쪽 부모의 요청에 따라 다른 부모가 수동적으로 행하는 야단은 자녀의 내적인 반발을 더욱 높이는 결과를 초래할 수 있다. 이런 부모와 자녀 사이에 의미 없이 반복되는 갈등은 자녀의 자존감에 상처를 주며, 자해나 자살기도와 같은 더욱 충동적인 상황으로 이어지기도 한다.

## 3. 성인 자녀와 성인기 문제

### 1) 성인 자녀 문제

성인이 된 자녀의 독립은 부모에게도 새로운 변화를 맞이하는 순간이 된다. 자녀가 성인이 되어 집을 떠날 시기가 되면 새로운 변화의 순간이 가족의 위기로 이어져 좀처럼 독립의 과제를 이루어 내기 어렵다. 가족상담에서는 이때 가족역동을 다루며 성인이 된 자녀가 어려움 없이 집을 떠날 수 있도록 돕고, 부모 또한 자녀의 독립을 잘 지지할 수 있는 효과적인 행동을 하도록 돕는다.

자녀들이 성장해 부모 곁을 떠나면 부부관계에 대한 새로운 의미가 부각되며, 특히 자녀에 대한 부모로서의 책임감에서 벗어나 자신의 생활에 몰두할 수 있는 가능성과 자유를 느낀다. 성공적인 자녀의 양육에 대한 만족감과 기쁨으로 부모로서 동반자 의식을 가질 수 있다. 그러나 빈둥지 증후군을 경험하는 이 시기는 자녀가 취업과 결혼 등으로 독립함에 따른 부모 역할 상실, 은퇴에 대한 걱정과 직업 상실 등의 문제로 인하여 새로운 정체성 획득을 요구받는다.

## 2) 성인기 문제

### (1) 가정 내 폭력

가정 내 행해지는 폭력의 첫 번째 영역은 아동학대로 오랫동안 많은 관심을 받고 있다. 아동을 학대하는 행위는 부모의 분노, 좌절감, 불행하다는 느낌의 표현이며, 부모 자신이 인생 초기에부터 보살핌을 받지 못했다고 느끼는 데서 오는 것이라 여겨져 왔다. 그러나 최근에는 아동학대를 부모와 자녀의 상호작용 과정의 결과로 보기도 한다. 따라서 가족상담은 부모들이 자신의 분노를 조절하는 방법을 익히고, 부모의 분노를 유발하는 아동의 행동에 대한 적절한 지도가 필요하다.

이와 함께 최근 사회문제로 대두되는 가정 내 폭력은 배우자를 대상으로 하는 것이다. 가족의 가치와 역할의 변화는 이 같은 부부간의 폭력 발생 가능성을 증가시키고 있다. 그럼에도 많은 폭력가정의 여성들은 그 관계 속에 그대로 머물러 있어 가족보존의 관점에서 접근이 필요함을 시사하고 있다.

이들의 가족을 보존하기 위해서는 폭력의 문제를 한 개인의 문제가 아닌 가족 전체의 문제로 보는 치료적 개입이 도움이 된다.

### (2) 중독문제

가족구성원 중 약물 또는 알코올 남용의 문제를 가지고 있는 경우 나머지 가족들도 이에 영향을 받기 때문에 상담자는 개인뿐만 아니라 가족에 대한 정서적 지원도 함께 고려하고 실행해야 한다. 때로는 가족 중 한 사람의 특정 행동이 약물 또는 알코올 남용을 계속 강화하고 있을 가능성도 있으며, 알코올중독자와 배우자는 상호의존적인 방식으로 행동하는 것으로 알려져 있다. 부부 중 한 명은 다른 배우자의 역기능적 행동을 비난하고 이에 따라 자존감이 낮아진 배우자는 알코올에 의존하게 되며, 또다시 이를 비난하는 악순환의 관계가 지속되는 것이다. 이런 상호의존의 관계는 한쪽 배우자가 약물 의존이나 중독 문제를 계속 이어지도록 강화하는 꼴이 된다. 따라서 약물 또는 알코올 남용의 경우 문제를 가진 개인뿐만 아니라 가족과 상담하는 과정을 통해 관련 상황을 명확히 규명하는 것이 필요하다.

# CHAPTER 05 가족상담의 과정

## 1. 가족사정

가족사정은 가족상담 및 치료를 실천하기에 앞서 가족을 이해하기 위한 과정이다. 보웬의 가족치료에서는 가계도를 사용하고 정신분석학자들은 개인력을 조사하는 것으로 가족치료를 시작한다. 그리고 행동주의 가족치료에서는 대상자를 중심으로 한 구조화된 질문, 체크리스트, 구체적 문항을 사용하며, 구조적, 해결중심, 이야기 가족치료의 경우 형식적인 평가를 거의 사용하지 않는다.

각 이론과 모델마다 사정방법은 다르지만, 가족상담에 있어 모든 가족의 발달단계와 가족기능을 고려하는 것이 필요하다. 이와 관련된 내용을 정리하면 다음과 같다.

### 1) 제시된 문제

가족상담에서 첫 번째로 고려할 것은 가족이 제시하고 있는 문제이다. 따라서 제시된 문제에 대한 구체적인 질문을 확인함과 동시에 공감이 이루어져야 한다. 가족문제의 탐색은 가족의 각자 언어로 표현된 문제의 경청, 가족구성원의 자기표현의 충분한 기회, 설명과 감정에 대한 인정이 필요하다. 이어 가족이 제시한 문제를 해결하기 위한 가족의 시도를 확인하여야 한다.

### 2) 의뢰경로 파악

클라이언트를 의뢰한 사람이 누구인지 그리고 이유가 무엇인지를 확인하는 것은 중요한 사안이다. 가족의 참여가 자발적인지, 비자발적인지뿐만 아니라 가족상담의 필요성을 가족들이 인지하고 있는지 그리고 다른 전문가 또는 관련기관이 관여할 것인지를 아는 것이 중요하다.

### 3) 체계적 환경 확인

가족상담은 가족구성원을 포함한 환경 내 대상에게 접근하는 것인 만큼 상담사는 문제의 대인관계 맥락을 분명하게 이해해야 한다.

### 4) 가족발달주기의 단계

가족의 환경은 시간적 차원도 포함되어 있는 만큼 가족발달주기를 이해해야 한다. 그 이유는 가족문제의 상당수가 생활주기 전환에서 발생하기 때문이다.

### 5) 가족구조

가족 내에서 발생하는 문제는 보이지 않는 구조에 의한 것으로 쉽게 드러나지 않는 경우가 있다. 따라서 가족구조에 대한 이해가 필요하다.

### 6) 의사소통

가족의 의사소통은 언어적, 비언어적 의사소통 모두를 포함하고 있다. 가족 내 건강한 의사소통에 대해서는 구성원 모두가 그 원칙을 인지하는 것이 중요하며, 이를 위한 적절한 방법도 필요하다. 특히 가족구성원은 상호 간 경청만으로도 가족갈등이 해결되기 시작하는 만큼 가족성원이 이해심과 인내를 가지고 경청하는 방법을 습득하여야 한다.

### 7) 성

성차별로 인한 가족문제는 구성원 간의 갈등을 더욱 심각하게 만든다. 남성과 여성이 가지는 가족 내 역할에 대한 인식 차이는 성격상의 결함보다는 직접적 성공에 대한 문화적 기대와 보상에 따른 것으로 볼 수도 있다. 상담사는 성차별의 존재에 대한 균형 있는 이해와 역할이 요구된다.

### 8) 문화적 요인

가족은 그 자체적으로 고유한 관계를 형성하는 만큼 독특한 하위문화를 고려하고 존중하여야 한다. 문화배경이 다른 클라이언트의 경우 그 차이를 존중하고 행동방식에 호기심을 가지고 개방적이어야 한다.

### 9) 윤리적인 측면

가족구성원의 권리와 의무에 대한 고려가 필요하다. 가족구성원 간의 충성과 행동에 미치는 영향 그리고 공정과 정당의 여부 등을 평가하여야 한다.

## 2. 가족평가

가족평가 방법은 도식을 이용한 방법과 관찰을 통한 방법이 있다.

도식을 통한 평가방법에는 대표적으로 가족생활주기와 세대 간 특성을 파악하기 위한 가계도와 가족을 둘러싼 환경, 자원의 양, 교류의 특성과 지지 정도를 파악하는 생태도, 사회적 관계망 지도와 사회적 관계망 표 등이 있다.

관찰을 통한 평가방법은 치료자가 가족의 상호작용을 직접 보고 가족의 기능 및 가족체계를 평가하는 방법으로 실연, 가족지도, 가족조각 등이 있다.

### 1) 도식을 이용한 평가방법

#### (1) 가계도

가계도는 가족과의 상호작용을 그림으로 나타낸 것으로 2~3세대에 걸친 가족관계를 설명하는 사정도구이다. 보웬(Bowen)의 다세대 가족치료모델에서 개발된 사정도구인 가계도는 가족이 가지고 있는 문제점을 추적하고 강점과 해결책을 찾는 데 주요한 정보를 제공한다.

가계도는 가족계보, 결혼, 별거, 이혼, 질병, 사망 등 중요한 생활사건이나 인종, 민족, 종교, 직업 등 인구사회학적 특성이 표시된다. 그리고 각 가족구성원이 한 세대에서 다음 세대까지 생물학적, 법적 그리고 정서적으로 어떻게 관련되어 있는지를 묘사하며, 세대 간 반복된 관계유형을 찾고 그것에 대한 통찰력을 갖도록 하는 데 유용하다.

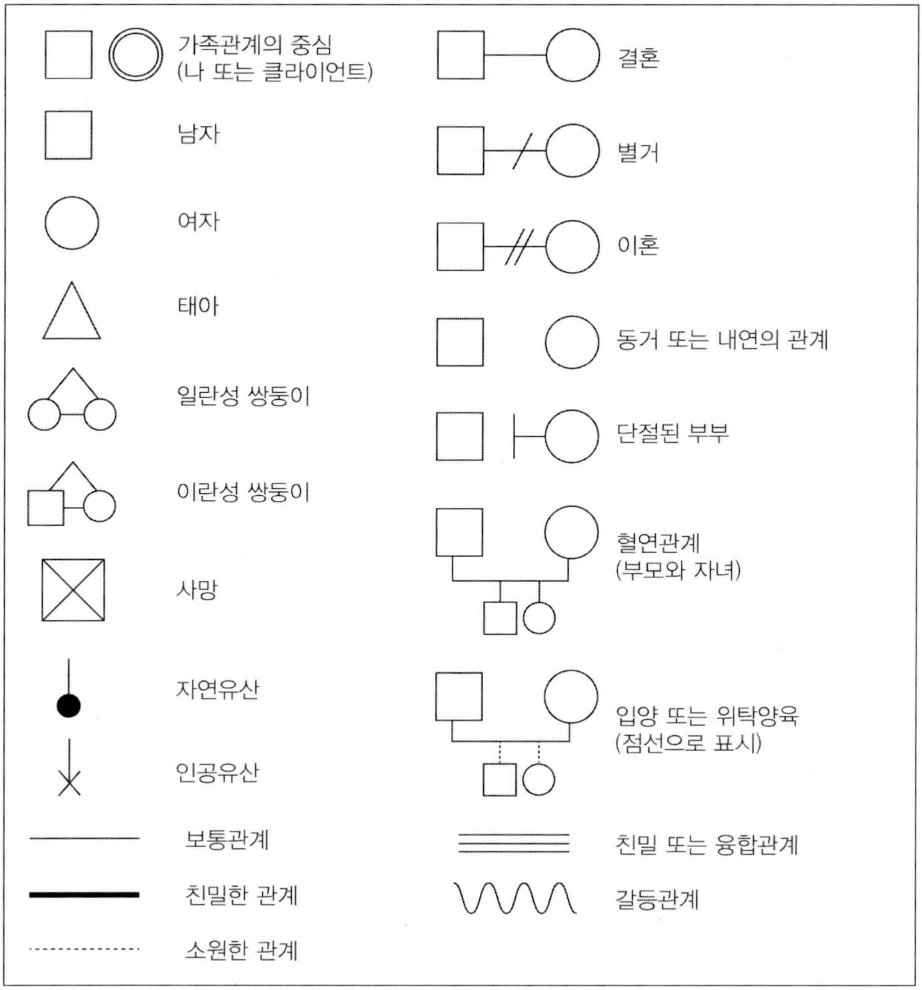


**┃그림 5-1┃ 가계도 상징기호**

출처 : 송유미 외(2023). 사회복지실천론. 공동체, p. 193.

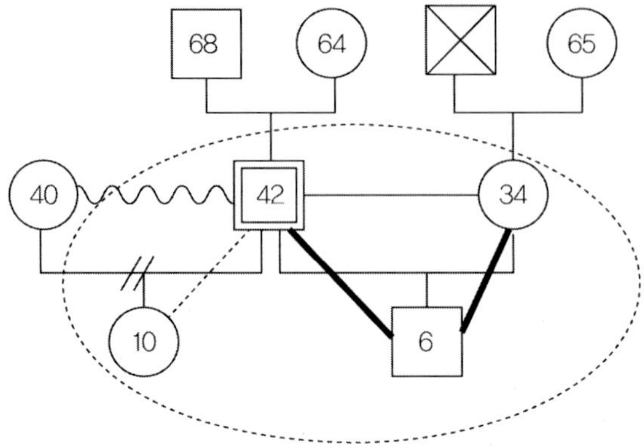


**❙그림 5-2❙ 가계도 예시**

출처 : 송유미 외(2023). 사회복지실천론. 공동체, p. 194.

### (2) 생태도

생태도는 클라이언트의 사회적 사정을 유용하게 만들어 주는 것으로 사회적 맥락에서 개인이나 가족이 외부환경체계들과 어떻게 관련되어 있는지를 그림으로 나타내는 것이다. 생태도는 클라이언트와 함께 논의하며 작성할 때 좋은 개입효과를 얻을 수 있다. 생태도를 작성하는 방법은 다음과 같다.

- 지도 중앙에 있는 원을 클라이언트로 한다.
- 클라이언트와 그의 환경에 있는 중요한 요소들에 대한 대화 이후, 그 요소들을 원을 사용하여 중앙의 클라이언트 원 주변에 배치한다. 배치 시에는 크기가 크고 중앙과 가까울수록 클라이언트에게 중요한 환경적 요소가 됨을 의미한다.
- 각각의 요소에 대한 클라이언트 경험에 대해 클라이언트와 이야기한다.
- 각각의 요소에 대한 클라이언트의 관계를 나타내는 선을 지도 위에 그린다.
- 지도가 완성되면 클라이언트와 함께 확인한다.
- 결과를 평가하고 클라이언트에게 전체 인상을 물어본다.
- 클라이인드와 함께 계획을 세우기 위해 상호평가를 한다.

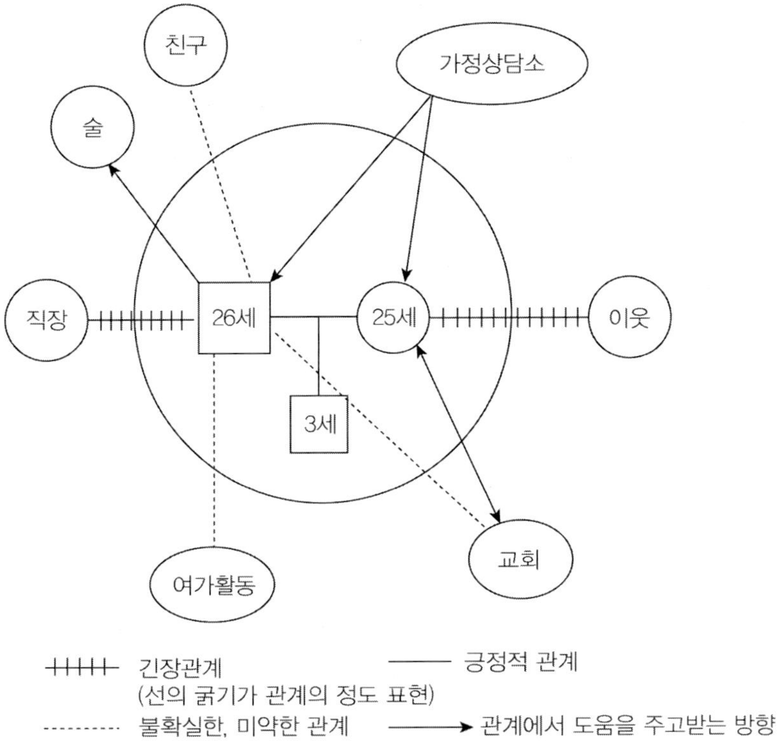


**┃그림 5-3┃ 생태도 예시**

출처 : 송유미 외(2023). 사회복지실천론. 공동체, p. 195.

이처럼 생태도는 클라이언트와 가족구성원의 자원체계 간 에너지 흐름 분석, 지원체계 간 관계의 양과 질의 분석, 환경체계에서 변화가 필요한 내용 확인, 가족의 적응에 기여하는 상호교류, 가족생활에 부정적인 영향을 끼치는 요소, 기능을 약화시키는 상호교류의 분석이 가능하며, 문제점 개선 및 향상을 위해 필요한 자원과 행동목록을 분석할 수 있다.

### (3) 사회적 관계망

가족성원이 다양한 유형의 사회적 지지를 구할 수 있는 사람들을 확인하기 위해 사회적 관계망을 활용한다. 사회적 관계망은 지도와 표를 통해 가족성원이 적절하고 효과적인 사회적 지지를 사용하도록 원조하고 잠재적 사회적 지지를 사용하도록 돕는 목적의 도구이다.

사회적 관계망은 클라이언트에게 영향을 미치는 중요한 사람이나 체계를 나타내며, 해당 체계로부터 받는 지지의 종류와 정도, 원조방향, 접촉 빈도 등을 평가하는 사정도구이다.

사회적 관계망을 통해서는 클라이언트의 관계망 내 중요한 인물, 지지 제공자가 속한 생활환경, 지지의 구체적 유형, 지지의 방향, 개인적 친밀감 정도, 접촉빈도, 관계기간, 지지 제공의 빈도 혹은 강도를 알 수 있다.

〈표 5-1〉 사회적 관계망 표

| 사회 관계망 영역 | 물질적 지지 | 정서적 지지 | 정보/조언 | 친밀도 | 접촉빈도 | 알고 지낸 기간 |
|---|---|---|---|---|---|---|
| | ① 거의 없다<br>② 가끔<br>③ 자주 | ① 거의 없다<br>② 가끔<br>③ 거의 자주 | ① 거의 없다<br>② 가끔<br>③ 거의 자주 | ① 거의 친하지 않음<br>② 가까움<br>③ 매우 친함 | ① 1년에 3~4번<br>② 한 달에 한 번<br>③ 매주 | ① 1년 이하<br>② 1~3년<br>③ 3년 이상 |
| 가족 | | | | | | |
| 친척 | | | | | | |
| 직장 | | | | | | |

## 2) 관찰을 이용한 평가방법

### (1) 실연

실연(enactment)은 가족 간 상호작용의 모습을 가족상담 과정에서 실제 행동으로 보여주는 것이다. 이는 문제를 언어로 설명하는 것이 아닌 행동으로 보여주며, 직접적인 가족의 실생활을 그대로 드러나게 함으로써 가족구조를 이해하는 데 효과적이다.

실연단계는 다음과 같다.

첫째, 가족성원의 교류를 관찰하여 역기능적 부분을 확인하고 초점화할 부분을 결정한다.

둘째, 역기능적인 영향에 따른 상호작용을 분명하게 한다.

셋째, 가족성원이 다른 방법으로 교류를 실연한다.

실연은 가족상담에서 가족의 의미 있는 정보를 제공하고 가족상담의 관계 성립을 도우며, 가족 스스로가 가족체계의 순환적 관계를 발견함과 동시에 문제중심 방법의 한계를 깨닫고 변화 동기를 높이게 한다.

## (2) 가족지도

가족지도는 가족구조를 확인하기 위해 사용되는 도표를 의미한다. 가족상담 초기 가족의 상호교류 유형 또는 상담자와의 관계를 파악하는 것에 집중하며, 관찰을 통해 역기능적 유형, 직면한 문제를 분석하는 것이 필요하다. 관찰과 면담을 통해 가족 내 세력관계나 의사소통방법, 정서 등을 조직적으로 도식화하여 가족의 복잡한 문제를 단순화할 수 있다. 이는 가계도와 다르게 관심사를 중심으로 가족성원의 위치를 표시하며 가족의 연합이나 경계를 표시하는 것으로, 가족 내 잘 기능하는 영역과 그렇지 못한 영역을 확인할 수 있어 가족상담의 목표를 설정하는 데 도움이 되는 기법이다.

〈표 5-2〉 가족지도의 기호

| 기호 | 의미 | 기호 | 의미 |
|---|---|---|---|
| - - - - - - - - - - | 명료한 경계선 | ·················· | 애매한 경계선 |
| ———————— | 경직된 경계선 | ════════ | 협력관계 |
| ≡≡≡≡≡≡≡≡ | 지나친 밀착관계 | ——‖—— | 갈등관계 |
| } | 연합 | ➜ | 우회 |

### (3) 가족조각

가족조각은 가족성원 한 명이 다른 구성원을 자신의 인식하는 이미지에 따라 신체적 표현을 통해 배열함으로써 가족의 관계를 나타내는 동작표현이다. 특히 현실에 대상에 대한 상태, 자세, 표정을 통해 대인관계에 나타나는 개인의 인식과 감정을 나타낼 수 있다.

가족조각은 가족구성원의 친밀감과 상호작용 등의 관계를 보여주는 것이지만, 매우 상징적이고 은유적인 표현들이 담기는 만큼 충분히 훈련된 전문가가 진행하는 것이 적절하다.

## 3. 상담과정

### 1) 초기단계

가족상담의 초기단계에서는 초기면접, 치료적 관계 형성, 문제 정의, 가족사정이 이루어진다. 따라서 가족상담 과정에서는 가족구성원과 신뢰로운 관계를 형성하며, 가족성원의 욕구와 문제에 대한 이해 그리고 노력을 보여주어야 한다.

초기단계의 주요 과제는 현재의 문제를 명료화하는 것이다. 이 과정에서는 지금까지 언급되지 않은 문제를 관찰하는 것뿐만 아니라 역기능적이고 혼란스러운 문제를 잘 기술하며, 문제를 명료화하는 과정에서 가족들이 자신들의 문제에 어떻게 개입되어 있는지를 이해할 수 있게 한다. 특히 초기에는 가장 해결하기 쉬운 문제에 대한 개입으로 가족이 이전에 경험하지 못한 성취감을 경험하게 하는 것도 필요하다.

이처럼 가족상담은 감정이입, 개인적 온화함, 긍정적 고려, 진실성을 기반으로 가족성원이 심리적으로 편안하게 상담과정에 참여할 수 있는 관계를 형성하게 된다. 라포로 칭해지는 관계형성은 가족성원의 행동, 즉 자세나 움직임, 언어사용, 속도나 크기 등에 맞추는 것이 도움이 될 수 있다. 언어적 의사소통에 있어서도 가족성원이 자주 사용하는 언어나 표현을 사용하는 것이 바람직하며, 이는 상담과정 전체에 지속되어야 한다.

이와 함께 초기단계에 분명한 상담목표의 설정이 이루어지지 않으면 성공적인 가족상담의 결과를 담보할 수 없다. 가족상담 초기단계의 상담목표는 상담과정이 진행됨에 따라 변경될 수도 있다.

상담목표는 문제해결을 위해 가족 모두가 참여할 수 있어야 하며, 구체적인 목표에 따른 달성과정, 가족성원의 역할과 책임이 분명해야 한다. 그리고 계약내용에는 상담시간, 장소, 비용 및 변화가 필요한 가족성원의 행동서술 등이 포함되어야 한다.

이어 현재 가족의 기능을 이해하기 위한 가족사정이 필요하다. 가족사정은 가족상담이 이루어지는 객관적인 상황에 대한 내용으로 전문적인 사정뿐만 아니라 객관적 상황에서 가족성원이 어떻게 인식하고, 느끼고, 받아들이는지에 대한 주관적인 사정이 함께 이루어진다.

## 2) 중간단계

가족상담의 중간단계는 변화를 위한 개입단계에 해당하며, 가족상담의 실행이자 핵심적 과정이다. 가족개입의 중간단계에서는 안정적인 관계를 중심으로 다음과 같은 상담기법을 활용하게 된다.

### (1) 문제의 재구조화

재구조화(reframing)는 클라이언트가 부여한 특정 사건, 행동, 경험 등의 의미를 수정하기 위한 기법이다. 이 기법은 클라이언트가 다양하고 긍정적인 시각으로 사건이나 행동을 보게 한다.

재구조화는 재부여(relabeling) 또는 재규정화(redefining)라고도 불리며 가족 간 갈등을 겪을 경우 유용하다. 문제를 바라보는 가족의 시각을 짧은 언급이나 새로운 문장으로 바꾸어 가며 해결책을 찾는 것으로, 새로운 개념과 시각에 대한 논리적 근거를 정확하게 제시하고 긍정적인 용어를 사용하는 것이 중요하다.

### (2) 과제

가족상담 과정에 가족에게 어떠한 과제를 수행하도록 하는 것을 의미한다. 이는 가족상담이 가족의 행동변화가 목표인 만큼 수행 가능한 다양한 과제를 통해 상담 현장 외부에서도 계속 활용하여 행동패턴을 반복하게 할 수 있다. 가족에게 과제를 부여할 때에는 가족의 과제 수행 여부를 파악하여야 하며, 과제의 중요성과 과제를 통해 예상되는 긍정적인 면을 설명하는 것 그리고 구체적인 과제수행방법을 설명하는 것이 과제의 실천 확률을 높이는 방법이다.

### (3) 유머와 농담

이는 의도적으로 재미있는 말과 행동을 통해 긴장된 분위기를 풀고 변화에 동기를 마련하는 데 사용되는 기법이다. 특별한 제한을 가지는 기법은 아니지만 적절한 라포의 형성과 유머적 상호작용이 가능할 때 활용 가능하다.

### (4) 코칭

코칭(coaching)은 상담에 참여하는 대상을 직접 지도하는 기법으로 형태의 차이는 있으나 상담자가 개인적, 정서적으로 관여하는 역할을 하는 것이다.

코칭은 가족 간 정서적 관계에서 질문을 통해 자신의 역할을 명확하게 알아가도록 하며, 이를 통한 이해의 증진과 가족성원들 간 좀 더 기능적인 애정관계를 발전시키도록 하는 것이 목적이다.

#### (5) 기타

가족상담에 참여 중인 가족의 집, 학교 등을 방문하는 방문기법, 자신을 치료도구로 사용하는 자기-노출기법, 심리극과 역할극 등 다양한 상담방법과 기법이 필요한 상황에 따라 융통성 있게 사용된다.

### 3) 종결단계

#### (1) 종결

가족상담의 종결은 다음과 같은 경우에 이루어진다.

- 제시된 문제가 해결되고 증상이 완화되거나 소멸된 경우
- 초기에 설정한 상담목표가 이루어진 경우
- 가족성원들이 상담을 통해 새로운 대처방법이나 행동방식을 계속 유지하는 경우
- 가족성원 간의 의사소통에서 비생산적인 다툼이나 갈등이 감소하고 의사표현이 솔직하고 갈등을 협상할 수 있는 능력을 가진 경우
- 가족의 구조와 규칙이 융통적이고 기능적인 경우
- 가족성원의 가족 내외의 상호작용이 긍정적이고 관계가 개선된 경우
- 가족의 발달단계에 적합하게 가족의 역할과 기능이 수행된 경우
- 미래에 비슷한 문제가 발생하더라도 잘 처리할 자신감을 보여주고 자발적인 활동이 증가하는 경우
- 상담의 진행이 부진하거나 가족성원이 상담에 소극적인 경우

가족상담 중간단계 후반부터 치료목표에 도달하는 변화가 나타난다면 종결계획을 세워야 한다. 종결은 다음의 단계를 거쳐야 한다.

① 도입단계

이 단계에서는 종결 2~3주 전에 가족에게 종결을 인식시킨다. 종결의식 등을 통해 종결이 실제로 예정되어 있음을 현실적으로 받아들이게 하는 것이 좋다.

② 변화확인단계

가족과 면담 중에 일어난 일을 정리하고 초기면접과의 상황을 비교하며 어떤 변화가 일어났는지 확인한다. 종결시기에 대한 가족 간의 합의와 남은 기간 동안 달성할 목표를 설정함과 동시에 종결에 대한 가족의 감정을 수용하고 인정한다.

③ 종결단계

가족상담의 종결이 가족의 참여와 노력의 결과에 따른 것으로 이를 시작으로 성장이 이어짐을 알린다. 그리고 가족에게 예상되는 어려움과 대처방안을 생각하고 현재의 상태를 유지하기 위한 장기적 목표 수립과 수행을 지도함과 동시에 추수면접을 안내한다.

④ 추수면접

가족상담 종결 후 1개월에서 3개월 또는 일정 기간 추수면접을 통해 가족의 변화가 유지되는지를 확인한다.

### (2) 평가

가족상담의 효과를 평가하는 것은 어려운 과정이지만 개입에 대한 객관적 평가는 꼭 이루어져야 하는 단계이다. 이에 가족상담의 평가에 대표적으로 활용되는 의사소통, 가족역할, 가족하위체계를 살펴보고자 한다.

① 의사소통

- 가족구성원들은 서로 많은 정보를 구하고 나눈다.
- 비언어적, 언어적 메시지가 일치하고 메시지의 의도도 분명하고 개방적이다.
- 침묵을 지키는 일은 거의 없으며, 가족들은 다양한 주제에 대해서 이야기를 나눈다.
- 갈등은 논의를 통해서 해결된다.
- 대부분의 의사소통은 긍정적인 억양으로 이루어진다.
- 모든 가족이 갈등에 대해 상대에게 책임을 전가하는 방식이 아니라 효율적인 문제해결식 문장을 사용하는 능력을 가지고 있다.

② 가족역할

- 부모, 자녀 그리고 배우자의 역할 간 분명한 차이가 존재한다.
- 상황에 따라 역할을 나누거나 바꾸며, 변화시킬 수 있다.
- 새로운 역할이 시도되거나 예전의 역할이 수정되기도 한다.
- 가족구성원들은 역할이 상호보완될 수 있도록 맡는다.
- 상황과 구성원들에 따라 역할을 적절히 나누며, 겹치지 않게 한다.
- 부모는 아동양육 역할을 나누어 맡는다.

③ 가족하위체계

- 부모, 부부, 형제 하위체계 간 경계가 분명하다.
- 각 하위체계는 그들의 기능을 적절히 수행한다.
- 하위체계 간 그리고 체계 내 개인 간 강한 정서적 유대감이 있다.
- 부모하위체계는 가족을 대표하고 가장 큰 힘을 가진다.
- 하위체계 내의 개인은 분배된 활동에 참여한다.
- 하위체계 간 연합이 발생하지만 단기적이다.

PART

03

# 가족상담모델

CHAPTER 06

# 정신역동적 대상관계 가족상담

## 1. 이론적 배경

대상관계이론은 프로이트의 이론을 근거로 관계론적 입장에서 발전시킨 이론으로 관계 맥락 내에서 아동발달의 복잡성을 설명하고 있다(Siegel, 2015). 이는 정신분석이론이 내담자의 성격형성에 집중한 것이 아닌 개인과 가족의 상호작용에 뿌리를 두고 있다고 보기 때문이다. 이와 관련해 프로이트는 다수의 논문을 통해 개인이 주변 사람을 내면화하고 동일시하는 방식들을 탐색해 왔다. 그럼에도 정신분석학은 개인에게 초점을 두고 정신 내적 영역에 집중하는 반면에 가족치료는 관계에 초점을 두고 사회적 체계 영역에 집중한다.

대상관계에서는 프로이트의 본능을 생물학적인 개념이 아닌 사회학적 개념으로 바꾸며 대상의 개념을 내적이면서 타인과의 현재 관계를 형성하는 어린 시절 과거경험으로부터 개인에게 형성된 무의식적인 관점으로 확대하였다(St Clair, 2004). 따라서 개인은 실제적인 타인과 상호작용할 뿐만 아니라 타인에 대한 주관적이고 내면화된 표상으로 타인과 상호작용한다고 보았다.

대상관계 가족치료 이론은 인간이 대상을 찾고 관계를 맺으려는 본능을 가지고 있다고 보기 때문에 사람은 타인과의 관계에서 마치 그 사람(대상)을 과거에 중요했던 사람처럼 느끼고 대하게 된다고 본다.

대상관계이론은 태어나면서 개인들이 다른 사람들, 특히 어머니와의 사이에서 관계를 맺고 애정을 형성한다고 보았다. 특히 아동기는 성격을 형성하는 과정이고 초기 내면화된 관계가 성인이 되었을 때에도 영향을 미치기 때문에 특히 관심을 두었다. 이에 정신역동적 가족치료에서는 내담자의 현재 가족 및 현재의 삶에서 나타나는 관계의 문제들을 해결하기 위해서는 초기 부모-자녀 관계로부터 내면화된 문제가 되는 무의식적인 대상관계에 대한 탐색과 해결이 필요하다고 보았다.

이처럼 대상관계이론은 태어나면서부터 개인들이 다른 사람들과 관계를 맺고 애정을 형성하게 된다는 것을 받아들이며 정신 내적 역동성과 인간관계 사이의 상호작용을 이해하려고 한다.

대상관계 가족치료에서는 인간이 대상을 찾고 관계를 맺으려는 본능을 가지고 있다고 가정하며, 개인의 내적인 면과 개인 간의 상호작용하는 면들이 치료과정에서 탐색된다(Becvar & Becvar, 2013). 그리고 각 가족구성원과 더 복잡한 가족 상호작용 및 가족역동에서 나타나는 동기, 환상, 무의식적 갈등과 억압된 기억에 초점을 두고 있다.

## 2. 주요 개념

### 1) 분 열

분열(splitting)은 대상관계이론에서 가장 대표적인 발달적·심리학적 메커니즘으로 대상관계의 근거를 이루고 있으며, 인지와 정서에 영향을 미치는 방어기제에 해당한다(Siegel, 2015). 분열은 상충되는 내적 요소가 의식에는 남아 있지만 시간적으로나 공간적으로 서로 분리되어 있고 서로에게 영향을 미치지 않는다. 개인의 성장과 성숙에 있어 분열을 통한 대상관계의 성취는 목표성취의 과정에서 핵심적인 부분에 해당한다(Hamilton, 1988). 아동의 경우 나이와 발달단계에 따라 긍정적이거나 부정적 양상으로 내적 세계를 분리한다.

분열은 유아가 어머니와의 관계에서 위험한 측면들은 분리하는 등 대상과 다른 부분을 내적 관계로부터 분리함으로써 어머니와의 만족스러운 관계를 유지하고자 하는 데에서 시작된다.

## 2) 통합과 분화

통합과 분화(integration & differentiation)는 상호보완적인 자아기능에 해당하며, 일생에 걸쳐 지속된다. 통합은 2개의 정신적 요소가 합쳐지는 것으로 지각, 기억, 표상, 정서, 사고, 행동이 이에 해당된다(Hamilton, 1988). 이처럼 통합은 자신 속의 여러 형상과 역할 그리고 그에 따른 정서들의 연관성을 연결하는 과정이다. 그리고 분화는 2개의 정신적 요소를 따로 떼어놓는 것을 의미한다.

## 3) 투 사

투사(projection)는 자기가 원하지 않는 면을 다른 사람에게 전가하는 것을 말한다. 투사는 외부 대상에게 나타날 때뿐만 아니라 자기로부터 내적 대상에게 향할 때에도 나타나며, 우리는 우리 안에 있는 한 부분을 다른 사람에게서 볼 수 있다.

### 4) 내면화

내면화(internalization)는 어떤 새로운 것을 개인의 내면에 포함시키는 모든 기제에 대한 것으로 함입, 내사, 동일시가 있으며, 순차적으로 복잡성과 성숙도가 높다.

함입(incorporation)은 개인이 대상과의 경계가 발달되기 이전에 대상을 개인의 내면으로 받아들이고 자신과 하나로 융합시킴으로써 공생적 합일체로 만드는 내면화 기제이다(권중돈, 2014). 이와 관련해 만족스러운 경험은 융합의 환상으로 이어지나, 좌절의 경험은 방출, 분리로 나타나기도 한다. 그리고 융합환상은 대상관계의 기반이 되는 것으로 일차적 동일시라 불린다.

내사(introjection)는 개인이 무의식적으로 자신과 대상에 대한 여러 조각의 경험 형상을 자신 속에 담아 놓는 가장 초보적인 내면화 과정이다(Greenberg & Mitchell, 1983). 그리고 내사된 대상은 내면세계에 정서적 힘을 가질 정도의 충분한 내적 대상이미지를 말한다. 내사된 형상들과 감정들은 유아가 발달하면서 동일시 과정으로 유아 자신의 생각과 모습으로 변하게 된다(김용태, 2019).

동일시(identification)는 다른 사람의 성격 특성을 받아들이고 그 대상의 이미지를 자기표상으로 귀속시키는 심리적 기제이다. 동일시는 유아가 자신의 역할과 대상의 역할을 구분하는 시기에 나타나며, 대상이 하고 있는 역할이 유아에게 좋은 역할로 인식되면서 긍정적 정서를 만들어 동일시가 일어나게 된다. 동일시는 함입과 다르게 자기이미지와 대상이미지를 온전히 남기며, 서로 비교되고 대조된다(Hamilton, 1988). 동일시는 함입과 내사보다 더 선택적이고 세련된 것으로 대상 이미지의 측면들을 자기이미지로 귀속하는 것을 의미한다.

### 5) 투사적 동일시

투사적 동일시(projection identification)는 자신의 수용하기 힘든 내적 상태나 특성을 대상에 투사하고 대상에게 투사된 자신의 측면을 통제하려는 무의식적인 심리적 기제이다. 투사적 동일시는 무의식적 방어기제이기는 하지만, 다른 사람이 자신이 투사한 정서 및 태도와 일치하는 방식으로 행동하도록 영향을 미치기 때문에 상호작용적 과정 또한 포함한다(Hamilton, 1988). 특히 친밀한 관계에서 특정 부분 또는 원치 않는 부분을 다른 사람에게 투사하며 불안으로부터 방어하며, 투사의 대상이 투사에 따라 행동하도록 조정하게 된다(Scharff & Scharff, 1987).

### 6) 전 이

전이(transference)는 초기 양육자에게 해결되지 못한 감정을 투사하는 것을 말한다. 대상관계이론에서 전이는 개인의 생애초기 경험을 반영하며, 실제적인 관련 인물들을 토대로 한 관계 양상을 수정된 형태로 내면화해 현재의 대인관계를 형성해 가는 것을 의미한다. 즉, 내담자들은 개인의 감정과 행동에 영향을 미치는 정신적 표상으로 내적 타인에 반응하고 소통한다(Greenberg & Mitchell, 1983).

전이는 대상 이미지를 외현화할 때 사용하는 것으로 자기-대상-이미지의 외현화나 부분적 투사를 지칭하는 투사적 동일시와는 구분된다.

가족구성원들 간의 전이는 다른 구성원으로부터 내면화되고 억압된 부분을 다른 사람에게 투사하는 개인과 관련된다. 따라서 정신 내적이고 대인관계적 역동의 통찰을 통해 가족구성원 간의 전이를 해결하는 데 도움을 줄 수 있다.

### 7) 역전이

역전이(counter-transference)는 상담과정에서 상담자가 상담의 중립성을 잃고 내담자에게 강한 감정적 반사를 나타내며 이를 내담자에게 다시 투사하는 것을 말한다. 역전이는 타인의 전이에 대한 상보적 상호작용이며 외적으로 분명히 나타난다(Becvar & Becvar, 2013). 부부 및 가족치료에서 전이와 역전이의 과정은 다중관계의 복잡한 관계망 때문에 개인치료에서보다 더 자주 변화한다.

## 3. 치료적 개입

대상관계이론에서는 이론가에 따라 치료목표에 차이가 있다. 내담자의 초기불안과 내적 대상으로 인한 고통을 줄이는 것을 목표로 보기도 하고(Klein, 1986), 내담자의 자아분열을 치료하고 인격을 재통합하는 것을 치료의 목표로 두기도 하였다(Fairbairn, 1952). 또한 대상관계치료를 내담자의 약한 자기를 강하게 만드는 것으로 자기의 상실 없이 대상과의 관계향상을 목표로 두기도 하였으며(Kohut, 2013), 가족구성원들이 건강한 개인으로 상호작용할 수 있도록 하는 데 필요한 무의식적 제약에서 자유롭게 하는 것을 치료목표로 두기도 하였다(Nichole, 2014).

이처럼 대상관계이론은 내면화된 대상에 있어 분열되고 부적절한 대상을 온전한 형태와 원래의 모습으로 복구하는 재작업의 과정을 거친다.

이에 상담자는 현재 개인의 대인관계 문제에 영향을 미치는 무의식적인 대상관계를 파악하고 이를 해결할 수 있는 적절한 양육환경을 제공하는 역할을 행해야 하며, 세부적인 목표는 다음과 같다(Becvar & Becvar, 2013).

- 과거 원가족 안에서 요구되었던 방어적인 투사적 동일시에 대해 인식하고 재작업하기
- 가족구성원의 애착 욕구와 성장 조건을 충족함으로써 가족구성원 간에 서로를 지탱해 줄 수 있는 맥락적 능력 향상 요인 다루기
- 각 개인이 '거기에서 그것을 행하도록' 하는 충분한 애착, 개별화, 성장에 대한 욕구를 지지하기 위해 가족구성원 간의 관계 유지에 필요한 요인을 회복시키고 구조화하기
- 가족구성원의 과업을 수행하는 데 있어서 각자의 선호와 욕구에 따라 적합한 발달 수준으로 가족을 회복시키기
- 가족구성원 중에 개인에게 충족되지 못한 욕구를 명료화하고 개인이 필요로 하는 만큼 가족구성원들이 충분한 지지를 제공해서 개인의 욕구를 충족시켜 주기

이와 같이 대상관계에 있어 상담자의 역할은 가족의 맥락적 전이에 대한 작업 및 가족구성원들의 불안과 염려에 대해 나누고 이해하며 그 의미에 대해 해석을 해주는 것이다. 따라서 상담자는 가족의 상호작용의 영향에 대한 인식에 항상 초점을 두어야 한다.

## 1) 개입기법

### (1) 전이

전이는 감정, 태도 등을 상담자에게 투사하는 것으로 상담자를 내담자의 해결되지 않은 과거의 관계에 중요한 사람으로 간주하고 자신의 감정을 볼 수 있도록 돕기 위해 개인분석 과정에서 사용하는 방법이다(Ellis, 2000). 전이는 가족의 지배적인 정서를 이해하고 어떤 감정이 누구를 대상으로 나타나는지를 파악하기 위해 활용된다.

### (2) 꿈과 공상 분석

가족구성원들에게 꿈이나 공상에 대한 이야기를 하는 것은 충족되지 않은 욕구들이 있는지를 파악하고 다른 가족구성원에게 환기가 필요한 부분들을 볼 수 있도록 돕는 방법이다. 하지만 가족구성원이 너무 많은 경우에는 꿈 분석을 다루기 어려울 수 있다(Gladding, 2018).

### (3) 직면

내담자에 대한 관찰 내용을 내담자에게 말해주는 것을 의미하며, 공격적인 함축의 의미를 가진다. 직면은 가족구성원에게 자신의 행위가 각자가 원하는 것과 어떻게 모순되거나 갈등이 되는지를 알려준다. 직면은 가족구성원들에게 자신들이 하고 있는 일이 무엇인지 알아차리게 하며, 좀 더 효과적인 대처전략을 사용하게 한다(Gladding, 2018).

직면은 대상관계이론가에 따라 사용방식에 차이가 있는데, 내담자에게 강한 직면이 필요하다는 주장이 있는 반면, 내담자는 약간의 공격성에도 과장하기 때문에 강한 직면의 사용을 제한해야 한다는 주장도 있다.

### (4) 장점에 초점 맞추기

정신역동적 가족치료는 가족들이 자기와 가족의 약점을 인식하고 다루는 데 관심이 많기 때문에 참여한다고 본다. 따라서 상담자는 내담자와 내담자 가족의 장점에 초점을 맞추고 가족구성원들의 관점이 변화될 수 있게 한다. 상담자는 이런 가족의 장점에 초점을 두며, 가족구성원의 동기부여가 잘 되고 있고 과거 상호작용 패턴을 변화시킬 수 있다는 사실을 인식하도록 한다(Gladding, 2018).

## (5) 생활 내력

상담자는 가족생활 내력의 탐색을 통해 가족구성원이 가족의 현재와 과거의 상호작용 패턴을 알아차리고 이를 설명해 줄 수 있다. 이런 가족생활 내력을 탐색하는 것은 상담자에 대한 신뢰를 증진시키며, 가족구성원에게 통찰을 높이는 기회가 된다.

## (6) 상보성

상보성은 복잡한 가족역할 속에서 조화 정도를 지칭하는 것이다. 상담자가 가족구성원들에게 그들이 다른 가족구성원들에게 무엇을 원하며, 자신은 가족을 위해 무엇을 하기를 원하는지를 확인하는 것을 의미한다.

## (7) 해석

해석은 가족구성원들 사이의 무의식적 갈등을 의식적인 수준으로 끌어올리는 것이다. 가장 효과적인 해석은 유아기의 삶과 현재의 삶 및 전이 간의 병렬성 혹은 유사성을 설명하는 것이라 할 수 있다(Hamilton, 1988). 이처럼 해석에는 수직해석과 수평해석이 존재하는데, 수직해석은 가족구성원이 가지고 있는 현재의 경험들과 행동들을 부모와의 수직관계 속에서 연관지으려는 활동인 반면, 수평해석은 관계를 통해 이해한 내용들이 현재의 타인과의 관계를 확장하는 데 어떻게 나타나고 있는지를 이해할 수 있게 하는 활동이다(김용태, 2019).

## (8) 명료화

명료화는 상담자의 직접적인 질문을 통해 내담자에게 더 많은 정보를 요구하는 가운데 이루어진다. 내담자의 애매모호한 내용 또는 연결이 안 되거나 생략된 내용에 대한 질문 또는 생략된 부분에 대한 명확한 이야기를 요청하며 더 분명한 상황을 이해할 수 있도록 한다. 예를 들어, "제가 그 말씀을 이해하지 못했는데, 좀 더 구체적으로 말씀해 주실 수 있으실까요?"와 같은 질문이 내담자의 말을 명료화할 수 있다.

### (9) 경청

가족상담에서 내담자의 말을 적극적으로 경청하는 것은 무척 중요하다. 하지만 가족구성원의 역동을 제대로 파악하지 못한 채 적극적으로 가족구성원의 대화에 참여하는 경우 상담자 또한 가족구성원들에게 투사적 동일시의 대상이 될 수 있을 뿐만 아니라 상담자의 경청방식이 모델링될 수 있기 때문에 적절히 활용되어야 한다.

따라서 정신분석적 상담에 있어 변화를 도모하거나 문제를 해결하려는 생각보다는 내담자와 내담자 가족을 이해하려는 데 초점을 두는 것이 필수적이다. 특히 상담자가 말을 하지 않고 경청함으로써 내담자와 가족구성원들이 존중받고 있다는 느낌과 경험을 갖게 함으로써 상대방의 말을 경청하고 이해하려는 노력이 반영되게 할 수 있다.

### (10) 중립유지

상담자의 중립유지는 가족구성원의 투사적 동일시를 객관적으로 볼 수 있도록 한다. 이는 상담자의 억압된 감정이 가족구성원의 상호작용을 객관적으로 판단하는 데 제한을 주게 되며 가족구성원의 상호작용을 왜곡할 수 있다. 따라서 상담자는 중립유지를 통해 가족구성원이 편안하고 자유롭게 표현할 수 있도록 하여야 하며, 이는 복잡한 상황을 단순하고 명확하게 드러나게 한다. 더불어 이 과정에서 가족구성원이 자신의 무의식 세계를 자유롭게 탐색하고 자신들의 상호작용이 어떻게 무의식과 연관되는지를 통찰할 수 있게 한다(김용태, 2019).

## 2) 상담자 역할

### (1) 선생님

정신역동 가족치료에서 상담자는 선생으로의 역할을 한다. 내담자와 가족구성원이 과거의 무의식적인 것들이 현재에 어떻게 영향을 미치는지를 이해하는 것은 매우 중요하다. 따라서 상담자는 내담자와 가족구성원들에게 기본적인 정신역동적 개념들과 이 개념들이 개인과 개인관계적 상황에 어떻게 나타나고 영향을 미치는지를 가르치게 된다(Gladding, 2018).

### (2) 좋은 보호자

좋은 보호자 역할은 자신이 사랑과 돌봄을 받았다고 느끼며, 신뢰성과 진정한 자아감을 발달시킬 수 있도록 하는 보호자이다. 상담자는 가족구성원이 과거의 부족했던 것들을 보충하는 데 도움이 되는 상호작용을 실행하는 데 보호자의 역할을 활용한다(Gladding, 2018). 대표적으로 격려와 칭찬의 형태로 사용되며, 가장 중요한 역할은 안전한 환경을 만들고 보존하는 것이다.

### (3) 촉매자

상담자는 가족 내에서 가족구성원 간 상호작용을 촉진하는 촉매자의 역할을 한다. 촉매자의 역할은 가족구성원들이 도전하고, 직면하며, 해석과 가족과정을 통합할 수 있도록 돕는 데 있다. 이를 위해 과도한 개입이나 중심적 역할을 하지 않는 것이 매우 중요하다(Gladding, 2018).

### (4) 심판자

부부가 감정을 조절하지 못하고 상대방을 공격하고 비난하는 경우 상담자는 악화되는 역동을 중재하고 조정하는 것이 중요하다. 이런 경우 상담자는 부부가 왜 그렇게 화가 나고 비난하는지에 대해 이야기하게 하고 과거의 원가족과의 경험을 탐색할 필요가 있다. 이는 부부의 적대적인 공격과 반격을 멈추게 하는 심판자의 역할을 해야 함을 의미한다(Siegel, 2015).

CHAPTER 07

# 보웬의 가족치료

## 1. 이론적 배경

보웬은 가족치료기법보다는 이론에 더 관심을 둔 연구로 다세대 가족치료의 개척자이다. 정신분석학을 훈련받은 학자인 보웬의 세대간 가족치료는 인간 존재의 본성을 중심으로 하고 있다.

보웬의 가족치료는 상담자가 인간의 진화와 모든 생태체계의 특징을 고려하는 폭넓은 인식을 가질 것을 권하며, 상담자는 현재의 증상과 문제를 이해하기 위한 3세대 정서과정을 고려해야 함을 강조하고 있다. 그리고 치료과정은 내담자의 현재행동이 다세대 과정과 그 결과로 나타나는 가족역동과 관련됨을 인식하는 것이 포함된다(Gehart, 2016).

보웬은 가족을 상호 간 연결된 정서적 단위의 관계망으로 개념화하였으며, 다세대 혹은 역사적인 기준으로 분석할 때 가장 잘 이해된다고 보았다. 이는 개인에 대한 과거 가족관계의 중요성을 강조하는 접근과 현재 다른 사람과의 상호작용에 있어 가족단위 중심의 체계적 접근법을 연결한 것이다(Goldenberg, Stanton & Goldenberg, 2017).

가족체계이론에서는 가족을 정서적 체계로 보는데, 이는 핵가족과 확대가족으로 구성될 수 있다. 보웬은 이를 '융합과 분화'로 개념화하였으며, 특히 자아분화는 가족체계이론의 핵심적인 개념으로 치료목표를 개인의 불안수준을 감소시키고 자아분화를 높이는 것이라 할 만큼 중요한 의미로 보았다.

보웬의 다세대 가족치료이론은 현재의 가족문제가 원가족과의 해결되지 못한 문제를 반영한 것으로 보며, 이는 현재의 문제가 이전 세대에서 해결되지 못하고 다음 세대에 유지되어 세대를 통해 전수됨을 의미한다. 따라서 현재 가족의 애착형성, 친밀감 형성, 갈등해결 방식 등은 그 이전 원가족과 관련된 것으로 이후 세대에서 증상적 행동으로 나타난다고 보고 있다.

이처럼 보웬의 가족치료는 심리분석, 인류학, 생태학, 일반체계 등의 이론을 배경으로 하고 있으며, 가족을 하나의 정서적 단위로 보고 방향이 다른 여러 개의 힘이 상호작용하여 균형을 이루고 있는 하나의 살아있는 체계로 보았다. 그리고 이 과정에서 가족구성원들이 성장을 통해 가족으로부터 분화해 나갈 때 건강해진다고 보았다.

이에 대한 이론적 가설은 다음과 같다(Papero, 1990).

- 가족의 패턴은 세대에서 세대로 전수된다.
- 가족구성원이 원가족으로부터 적절히 분화되는 것이 중요하다.
- 만성적 불안이나 심리적 문제는 가족의 역기능성으로 말미암은 결과이다.
- 삼각관계의 구도는 만성적 불안이 표현되는 핵심적 현상이다.

## 2. 주요 개념

보웬은 가족을 자아 그 자체로 보았으며 가족들이 상호 간 감정에 얽혀 있다고 보았다. 그에 따르면 인간은 생존과 움직임에 가장 기본적인 감정의 힘이 있으며, 감정은 연합성과 개별성에 의해 움직이고 통제된다. 연합성은 가족 간 감정적으로 의존하고 연결되어 지내고자 하는 힘이며, 개별성은 가족으로부터 독립하려는 힘을 말한다.

보웬은 이 연합성과 자율성이 균형을 이루는 것이 가장 이상적이고 자율적으로 기능한다고 보고 '분화'라고 하였으며, 불균형의 경우를 '미분화'로 보았다.

이와 관련해 보웬은 우리는 스스로가 생각하는 것보다 정서적인 삶에 더 적은 자율성을 가지고 있다고 보고 각자가 깨닫는 것보다 서로에게 더 반응적이라 하였다. 그리고 이런 관계의 다세대적인 관계망을 자아분화, 삼각관계, 다세대 전수 과정, 출생순위, 정서적 단절, 사회적 정서과정의 6개의 개념으로 개별화와 연합성의 상호작용을 설명하였다. 이후 정서적 단절과 사회적 퇴행까지 추가하며 가족과 사회에서 세대를 거치는 정서과정을 말하고 있으며, 이 8개의 구성개념은 상호 맞물려 있어 다른 개념들과 분리해서는 충분히 이해할 수가 없다(Kerr, 2003).

이상의 8개의 개념은 만성불안이 삶에 계속 존재한다는 가정을 두고 있다. 인간에게 불안은 정서체계를 자극하고, 인지체계에 영향을 주며 자동적이거나 통제되지 못하는 행동이 나타나게 한다(Kerr, 2003). 이에 가족은 자율성과 연합성의 균형을 맞추려는 과정에서 불안을 경험하게 된다. 가령 연합성이 지배적일 경우 불균형이 발생하고 가족의 정서적 기능이 증가하며, 개인의 자율성 감소로 개인의 만성적 불안이 증가한다. 이런 만성불안은 개인들의 자아분화를 통해 해결이 가능하며, 자아분화는 자신의 견해에 따라 행동하는 것을 배우는 과정이 된다(Goldenberg, Stanton & Goldenberg, 2017).

### 1) 자아분화

자아분화는 보웬 가족치료이론의 주요 개념으로 정신 내적 측면 그리고 대인관계적 개념이며, 치료목표인 동시에 성장목표에 해당한다. 자아분화는 정서적 압력에 대한 자동적 반응이 아닌 사고와 반추의 능력을 의미하는 것으로(Kerr & Bowen, 1988), 정서적 융합으로부터 스스로가 자유로워지는 과정으로 볼 수 있다. 이처럼 자아분화는 불안에 직면하였을 때 융통성 있고 현명하게 행동할 수 있는 능력인 반면, 분화되지 못한 경우는 감정적으로 반응하고 주변에 휘둘리며 사고분리의 어려움으로 객관적 사고가 어렵다.

자아분화에 있어 핵심적 개념은 개인의 성장과정에서 부모로부터 정서적으로 분리되는 것이다. 따라서 목표는 감정과 인지의 균형이 된다. 그리고 가족체계이론에서의 분화는 달성의 목표보다는 과정으로서 삶의 방향을 의미한다(Friedman, 1991).

보웬은 자아분화 수준의 차이를 설명하기 위해 분화척도를 개념화하였다. 분화척도는 4개의 기능범주(0~25, 25~50, 50~75, 75~100)로 나누어진다.

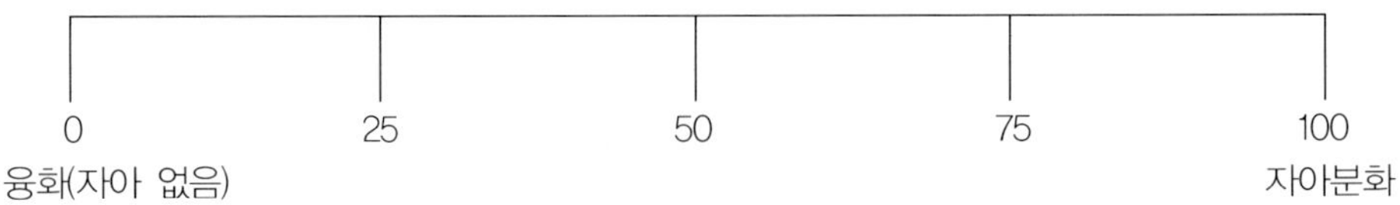


**| 그림 7-1 | 보웬의 자아분화척도**

### (1) 아주 낮은 사람(0~25)

이 수준의 사람들은 감정과 사고가 심각하게 융화되어 삶이 감정에 지배되어 있으며, 스트레스 상황에 역기능적으로 반응한다. 뿐만 아니라 타인의 인정을 위해 개별성을 희생하며, 거짓자아(pseudo self)를 가지고 자신의 가치와 선택에 따른다는 생각의 참자아인 것으로 스스로를 속이게 된다. 반면 참자아의 경우 자아 내에서 변화될 수 있는 확고한 신념과 확신이 있다. 이처럼 해당 수준의 경우 정서적으로 매우 의존적이며 일상생활 유지에 상당한 어려움을 가진다.

### (2) 대체로 낮은 사람(25~50)

이 수준의 사람들은 스스로를 잘 정의하기 어렵지만 분화의 능력이 있는 것으로 본다. 자신에 대한 신념과 확신의 부족으로 주변에 빠르게 적응하고 다른 사람을 모방하게 되며, 그만큼 타인의 행동에 매우 민감하고 비판 또는 무시에 크게 낙담한다. 이처럼 다른 사람의 인정을 받기 위한 목표지향적 행동으로 인정받을 시 매우 안정적이나 좌절을 경험할 경우 매우 불안한 모습이 나타난다.

### (3) 보통사람(50~75)

이 수준은 다른 사람과 융합되지 않으면서 밀접한 관계를 유지하며 불안의 증가에도 지적 체계와 정서적 체계가 적절히 기능하기 때문에 자율적, 독립적 의사결정이 가능하다. 그리고 가장 본질적인 문제에 대해서 잘 정의된 의견과 신념을 가진다. 상당한 스트레스 상황에서는 신체적, 정서적, 사회적 증상을 나타낼 수 있으나 그 이전의 수준보다 훨씬 덜하며 회복도 빠르다.

### (4) 높은 사람(75~100)

이 수준에서 사람들은 자신의 명확한 가치와 신념을 가지며 목표지향적이다. 융통성이 있고 안정적이며, 자율적인 가운데 갈등과 스트레스에 대한 인내심, 굳건한 자아감이 있으며, 거짓자아는 작다. 사고와 감정이 적절히 분화되어 있는 만큼 정서적으로 안정되고 타인과 적절한 정서적 관계를 맺고 분명한 자아정체감을 유지한다.

## 2) 삼각관계

삼각관계는 두 사람이 다른 한 사람을 그들의 정서적 문제로 끌어들이며 안정을 추구하는 것을 의미한다. 삼각관계는 가장 작은 안정된 관계체계이며, 스트레스를 받는 두 사람의 체계가 안정감을 얻기 위한 공통적인 방법이다(Hargrove, 2012). 두 사람 간 극도의 친밀과 극도의 불안의 위험성에 비해 세 사람의 인간관계는 안정된 관계이다. 이런 삼각관계는 자아분화의 수준과 긴장 정도가 주요 요인이다. 즉, 자아분화가 정도가 낮고 긴장이 심할수록 이런 상황은 더욱 드러나며, 이런 경우 중복된 삼각관계를 초래하기도 한다. 중복된 삼각관계는 제삼자를 떠나 네 번째 사람을 끌어들이고 더 나아가 가족 이외 사람과도 관계를 형성하기도 한다. 물론 삼각관계의 형성은 불안과 긴장 감소에 도움을 줄 수 있으나 기존 갈등을 무감각하게 만들고 가족의 정서체계를 혼란되게 한다(송정아 · 최규련, 1997). 보웬은 삼각관계를 가장 불안정한 관계체계로 보았다.

삼각관계는 다음의 결과로 이어질 수 있다(Kerr, 2003).

첫째, 안정된 두 사람의 관계가 제삼자의 개입으로 불안정해질 수 있다. 예로 자녀의 출산으로 사이좋은 부부에게 갈등이 일어날 수 있다.

둘째, 안정된 두 사람의 관계가 제삼자가 떠나면서 불안정해질 수 있다. 예로 자녀가 집을 떠나면서 부모의 갈등을 심각하게 할 수 있다.

셋째, 불안정한 두 사람의 관계가 제삼자의 개입으로 안정될 수 있다.

넷째, 불안정한 두 사람의 관계가 제삼자가 떠나며 더 안정될 수 있다. 예로 한쪽 편만 드는 시어머니가 빠지며 부부갈등이 감소한다.

### 3) 핵가족 정서체계

가족들이 감정적으로 연결되어 있는 감정 상태의 질을 의미하는 핵가족 정서체계는 가족체계 내의 정서적 기능 형태로서 개인의 해소되지 못한 불안이 가족구성원에 투사되는 것을 말한다. 즉, 자아가 미분화된 가족에게 나타나는 긴장이나 불안상태에 대하여 가족들이 이를 처리해 나가는 과정을 설명해 주는 개념이다. 보웬은 핵가족 정서체계가 강한 경우를 다음 네 가지로 설명하고 있다.

첫째, 부부 사이가 정서적으로 유리된 상태인 경우

둘째, 부부 중 한 사람이 신체적 혹은 감정적으로 역기능이나 부적응 상태에 있는 경우

셋째, 부부간의 갈등이 심한 경우

넷째, 부부간의 문제를 자녀들에게 투사하는 경우

핵가족 정서체계는 다세대적인 개념으로 개인의 결혼을 포함한 다른 관계에서도 원가족으로부터 학습된 관계패턴이 반복되며, 유사한 패턴이 자녀들에게 전수된다고 본다. 따라서 현재 가족문제의 해결에 가장 효과적인 방법은 원가족과 개인적인 상호작용을 변화시키는 것이다.

### 4) 가족투사과정

가족투사과정은 가족들이 그들의 문제를 가족구성원에게 전달하는 과정을 말한다. 대표적인 예가 부모의 자기분화 수준이 자녀에게 투사되는 것이다. 미성숙한 부모와 더 많은 관계를 맺는 자녀일수록 가족에 더 융합됨에 따라 부모로부터 유연한 분리에 제한이 따른다. 어머니의 불안에 반응하는 자녀의 경우 가족 내 정서적인 스트레스에 취약하고 다른 형제보다 정서적인 변화에 더 많은 지배를 당한다. 즉, 자아분화 수준이 낮은 부모의 미분화에 대한 불안을 삼각관계를 통해 회피하며, 그들의 미성숙과 미분화를 자녀에게 전달하여 불안을 경감시키려는 것이다. 그로 인한 정서적 투사과정은 자녀에게 주요한 정서적 손상을 가져오며, 결함, 만성적 질병 혹은 무능성을 유발하게 된다.

### 5) 정서적 단절

정서적 단절은 세대 간 미분화로 인한 정서적 강도를 처리하는 방법으로 높은 불안 또는 정서적 의존이 높은 가족에게서 자주 발생한다(Bowen, 1978). 가족 간 정서적으로 어떤 네트워크도 형성되지 않은 것을 말하며, 부모와 떨어짐으로써 심리적으로 거리감을 두거나, 개인적인 문제가 드러나지 않길 바라는 마음에 스스로를 가족으로부터 고립시키며 거리를 둔다. 즉, 부모로부터의 격리, 위축, 부모로부터 멀리 달아나는 것 그리고 부모가 중요하다는 부분을 부정하거나 거부하는 것이 정서적 단절에 해당한다.

그 예로 충동적인 결혼이 될 수 있으며, 이 경우 원가족을 벗어날 수 있으나 융합이 심한 경우 새로운 가족과 다시 융합되어 원가족의 문제를 다시금 재연하게 되며 독립을 얻지 못한다고 본다.

따라서 보웬은 성인은 반드시 원가족과의 정서적 애착을 해결해야만 한다고 주장했다. 그리고 상담사는 원가족과의 해결되지 못한 과거의 문제가 내담자 가족들의 현재에 침범하지 못하도록 하여야 한다고 하였다.

### 6) 다세대 전수과정

다세대 전수과정은 가족의 정서과정이 세대를 걸쳐 전수된 만성불안의 결과를 말한다. 여기에는 비슷한 자아분화를 가진 배우자 선택, 부모의 정서적 패턴에 특히 민감한 자녀의 낮은 자아분화 수준이라는 가족투사과정의 두 가지 개념이 포함된다. 따라서 하나의 다세대 가족은 다양한 분화수준의 개인을 창조하며(Kerr, 2003), 가족의 정서과정인 분화수준, 삼각관계, 융합, 정서적 단절은 대를 이어 전수된다.

이처럼 자녀의 자아분화 정도는 현재 속한 세대뿐만 아니라 과거의 여러 세대를 거치는 동안 전개된 가족투사과정에서 형성된 것임을 설명할 수 있다. 특히 투사과정이 여러 세대에 걸쳐 지속될 때 9~10세대에서 역기능 증상이 나타나기도 하며, 세대가 내려갈수록 분화수준은 더 낮아진다고 보았다. 이처럼 역기능의 문제는 개인의 질병이 아닌 가족체계에서 누적된 자아의 미분화 결과이며, 자녀세대의 분화수준은 부모세대의 분화수준을 벗어나기 어렵고 더 낮아질 수밖에 없다.

### 7) 출생순위

이 개념은 토만의 출생순위에 따른 열 가지 성격유형에 대한 연구결과(Toman, 1993)를 받아들인 보웬이 핵가족 정서과정에서 출생순위의 영향을 명확히 한 것이다. 출생순위는 형제하위체계에 있어 누가 먼저 출생하고 나중에 출생했는지에 대한 순위를 의미하는 것으로, 보웬은 가족 내 형제순위를 기준으로 자녀들의 성격이 결정되고 발달된다고 보았다. 보웬은 형제간의 경쟁에 대한 관점을 생물학적 그리고 기능적 출생순위로 확대하였다. 그 예로 장남, 장녀는 권위적이고 규칙적인 반면 막내는 의존적일 수 있지만, 나이 차가 많은 형제의 첫째는 막내의 경향이 나타나며, 첫째가 질병 등의 이유로 역할이 어려울 경우는 둘째가 첫째의 역할을 할 수도 있다고 보았다. 이처럼 출생순위는 생물학적뿐만 아니라 기능적인 부분 또한 고려해야 함을 강조하고 있다.

### 8) 사회적 정서과정

사회적 정서과정은 가족의 정서적 역동성이 사회에서도 나타날 수 있다고 보았으며, 가족투사과정과 마찬가지로 사회에서의 관계가 가족구성원들의 정서적 과정에 영향을 미친다는 의미이다. 이는 사회적 불안이 증가함에 따라 가족 내에서의 기능적인 분화수준이 점차 감소될 수 있다는 것이다. 그 예로 사회가 전쟁, 재해, 경제적 상황과 같은 지속적인 만성불안을 유발할 때 이성보다는 감성적이고 반사적 결정을 하며, 낮은 기능 수준으로 이어진다(Kerr & Bowen, 1988). 즉, 사회의 불안한 상태는 동질화와 개성화를 깨트리고 사회문제 해결능력이 위기에 이른다는 정서적 과정을 가리킨다.

## 3. 치료적 개입

### 1) 치료목표

#### (1) 1차 목표

1차 목표는 체계 내 만성적 불안에 대한 감정적 반사행동을 줄이는 것으로 분화를 높이는 데 영향을 미친다. 분화가 높아진다는 것은 불안이 감소한다는 의미로 불안 감소가 분화를 높이는 것보다 선행되는 만큼 치료의 최종 목표보다는 치료과정에 포함된다. 이처럼 1차 목표는 가족성원들을 미분화된 가족자아의 집합체로부터 분리시켜 독립된 정체감을 형성하고 자율적인 정서적 사고와 행동이 가능하도록 하는 것이다. 더 나아가 가족성원들이 더 나은 자기분화, 자기이해, 지성적 이해, 가정 내 습관화된 정서적 삼각관계 등의 수정을 통해 가족체계에서 각자의 성장을 돕고 폐쇄적 가족관계를 개방함과 동시에 삼각관계에서 벗어나게 한다(김유숙, 2002).

#### (2) 2차 목표

2차 목표는 1차 목표에 도달한 가족 내 개인의 자아분화 수준의 변화가 가족 전체의 정서체계 구조를 변화시키는 것이다. 따라서 분화수준을 높이는 것은 각 개인에 따라 다르게 정의되며, 단순한 분화수준을 높이는 것보다 더 구체적일 뿐만 아니라 개인차를 가진다. 그 예로 부부관계에 친밀감을 향상시키면서 서로 간의 차이에 대한 포용성을 높여 분화수준을 높이는 것은 단순히 분화수준을 높이는 목표 이상의 것이다(Gehart, 2016).

보웬에 따르면, 개인이 가족 전체의 미분화된 가족자아 집합에서 분리될 때 자신의 성장을 이루며, 그 개인이 변화될 때 가족 전체의 정서체계 구조가 함께 기능적으로 변화된다고 보았다.

## 2) 개입기법

보웬의 가족치료는 직접적인 치료기법보다 가족체계가 어떻게 작용하는가를 이해하는 것을 더 중요하게 본다. 그만큼 특정 기법에 초점을 두지 않는 것이 중요하며, 이를 위해 질문을 사용하고 내담자의 인지적 자각을 촉진하는 데 집중한다.

### (1) 평가면접과 과정질문

가족의 평가면접은 어떤 가족구성원이라도 이루어진다. 가족치료는 부모, 부부, 핵가족, 확대가족 등의 가족구성원이 겪는 문제를 개념화하는 방법으로 보는 만큼 구성원이 원가족으로부터 자아분화의 동기가 마련되었다면 가족구성원과 작업을 이어가는 데 충분하다고 본다. 그리고 모든 가족이 참여하는 회기가 가족치료에 일반적일 수 있으나 다른 한편으로는 이런 과정에서 다른 가족구성원이 진행을 방해할 수도 있다. 그리고 부모 중 한쪽이 자신의 기본적 분화 수준을 높일 수 있다면, 자녀뿐만 아니라 다른 부모의 기능도 반드시 향상될 것이라 본다.

가족평가 면접은 특히 신체적 · 정서적 · 사회적 증상에 중점을 두고 현재 나타나는 문제의 기록을 탐색하는 것으로 시작한다. 이 과정에서 상담자는 어떤 문제가 발생되고 있는지, 해결하고자 하는 문제가 유지되는 이유는 무엇인지, 왜 지금 도움을 받고자 하는지, 각자가 무엇을 얻고자 하는지에 관심을 가져야 한다. 이와 같은 과정질문을 통해 상담자는 내담자 가족 내의 정서적 과정의 정도뿐만 아니라 정서기능의 패턴을 평가한다.

이처럼 과정질문은 상담자와 가족구성원 사이의 잠재적인 삼각관계를 다루고 중립화를 돕는 데 그 목적이 있다. 그리고 가족이 문제에 대해 어떻게 생각하는지와 그 문제에 영향을 미치는 요소가 어떻게 작용하는지에 대한 정보를 확인하고 감정을 낮추며 정서적 반응에 의한 불안을 감소시키고 생각을 촉진하는 것이 주요 목적이다.

보웬의 가족치료에서는 과정질문을 통해 내담자들이 자신들이 행하고 있는 가족 내 역동에 대한 통찰이 이루어지게 돕는다. 그리고 이 과정에서 상대의 반응이 아닌, 자신이 상대에게 어떤 방식으로 반응하는지를 확인하게 되며, 직면, 설명 등의 방법을 추가로 사용하기도 한다.

### (2) 가계도

가계도는 3세대 이상에 걸친 가족구성원의 정보와 관계를 도형, 선 등을 이용한 도표로 가족관계를 가시적으로 볼 수 있도록 하는 방법이다. 상담 초기에 가계도는 내담자와 사람들과의 과거와 현재의 사건들에 대한 정보를 수집하고, 체계 내 가족과의 정서적 과정과 패턴을 조사할 수 있는 도구로 활용된다(Platt & Skowron, 2013). 그리고 가계도를 그리는 과정의 정보수집 자체가 치료적인 역할을 한다.

상담자는 가계도를 통해 내담자와 가족구성원의 이름, 성별, 나이, 형제위치, 인종, 생일, 결혼, 이혼, 사망 등의 중요한 가족사건을 한눈에 볼 수 있게 한다(Frame, 2000). 그리고 필요에 따라서 종교, 직업, 사회경제적 상태 등에 대한 정보도 추가될 수 있다. 가계도는 가족관계뿐만 아니라 배우자

원가족과의 정서유형과 확대가족과의 융합 정도를 측정하는 자료를 제공하기도 한다.

### (3) 코칭

코칭은 사람들에게 무엇을 하라고 말하는 것이 아니라 가족의 정서적 과정과 그 역할을 생각할 수 있도록 돕는 것이다(Nicole, 2014). 상담자의 역할을 나타내는 개념으로 내담자에게 개방적이고 직접적으로 접근하도록 하는 기법이다. 코칭의 목적은 내담자가 정서적 단절 없이 가족구성원과 관계를 맺고 있음을 능동적으로 받아들이도록 하는 것이다. 이를 위해 상담자는 가족구성원의 행동패턴에서 내담자가 스스로의 역할을 관찰하고 연구할 수 있도록 하는 것을 시작으로, 최종적으로 내담자 스스로의 신념과 일치하는 행동을 하도록 돕는다.

### (4) 탈삼각화

탈삼각화는 관계를 유지하고 있으면서 감정적으로 분리되는 과정을 의미한다(Kerr, 1988). 탈삼각화는 가족상황에 대한 스스로의 불안을 해결하고 그 감정을 타인에게 투사하지 않으며, 가족 내 긴장과 불안이 발생할 때 스스로에게 초점화하지 않도록 하여 타인의 분풀이 또는 희생양이 되지 않는 것이다. 이처럼 탈삼각화는 가족 내 존재하는 삼각관계를 끊고 정서적 삼각관계에 연루되지 않으면서 중립적, 객관적으로 가족관계에 합류하도록 하는 것이다.

### (5) 관계실험

관계실험은 행동주의적 접근으로 두 사람 사이에 직접적인 의사소통을 향상시키거나 분화가 덜 되어 유지되고 있는 거리를 두는 대상과의 위치를 바꾸어 삼각관계를 구조적으로 변화시키기 위해 사용된다(Nicole, 2014). 관계실험의 목적은 가족구성원이 체계과정을 인식하고 그 과정에서 자신의 역할을 인식하도록 하는 데 있다. 거리를 두는 사람은 거리 두는 것과 요구하는 것을 멈추고 정서적인 연결에 대한 압력을 줄이며 자신과의 관계 내에서 무엇이 발생되는지를 알아차리도록 지지한다. 이러한 연습이 연루된 정서적 과정을 명확하게 하는 데 도움을 준다.

### (6) 내 입장 취하기

내 입장 취하기는 개인 의견에 차분하고 명확하게 진술하는 것으로 긴장의 증가 상황에서 감정을 분리하며 안정화시키는 것이다. 다른 사람의 행동에 대해 말하는 것이 아닌 자신이 느끼는 것을 말하는 것으로, 개인적인 입장을 취하는 가장 직접적인 방법이다(Nicole, 2014). 그 예로 "당신이 집에서 늘 누워서 TV만 보니 너무 화가 난다"가 아닌 "예전 내 아버지가 늘 누워 TV만 봐서 어머니가 무척 힘들어하셨는데, 당신이 가능하면 TV 보기 전에 아이들과 잠시 시간을 보내주면 좋겠네"와 같이 말할 수 있다.

이처럼 내 입장 취하기는 정서적인 악순환을 깨트리는 직접적인 방법으로 상대방의 행동을 지적하지 않고 자신의 의견을 피력하는 방법이다.

### (7) 교육

교육은 보웬의 가족치료에서 아주 중요한 치료방법으로 분화의 수준을 높이는 데 가족의 지적 능력을 사용할 수 있도록 하여 가족들이 감정에 얽힌 불안을 다루기 위해 삼각관계를 형성하고 있음을 인식시키는 과정이다. 특히 불안이라는 감정을 다루는 방법을 배우는 것은 높은 자기 분화를 위해 꼭 필요하다.

CHAPTER 08

# 경험주의 가족치료

## 1. 이론적 배경

사티어의 경험주의 가족치료는 지금-여기의 경험을 강조하는 인본주의 심리학에 기본을 두고 경험에 따른 성장을 중요시한다. 이는 인간 존재가치를 존중하고 인간의 잠재능력과 역량의 긍정성 그리고 변화와 그 변화를 확장하는 성장지향적 치료모델이라 할 수 있다.

경험주의 가족치료에서 활용되는 역할극, 정서적 직면의 기법은 현상학적 기법(게슈탈트 치료, 사이코드라마, 로저스 내담자중심 치료)을 기반으로 하며, 조각과 가족그림의 표현은 예술과 심리극의 영향을 받았다.

실제 사티어는 가족체계 내에서 가족구성원들의 정서적 수준과 감정적 수준에 관심을 두었고(Bodin, 1981) 개인의 인간관계뿐만 아니라 상담자와 내담자의 관계에서도 평등과 동등성을 강조하였다. 그리고 모든 가족 내 내재된 잠재성을 통해 건강한 가족을 성취하기 위한 상담자와 가족구성원의 협력도 함께 강조하였다(Satir & Bitter, 2000). 뿐만 아니라 일치하는 의사소통을 통한 조화롭고 양육적인 가족체계의 유지와 한 개인이 기능적인 체계로 성장하는데 자존감을 높이는 것을 중요하게 다루었다.

경험주의 가족치료는 가족 내 엄격한 규칙을 변화시키는 것을 익히고 감정을 직접적으로 표현하는 과정을 키워나가도록 하고 있다(Goldenberg, Stanton & Goldenberg, 2017). 사티어의 가족치료는 과정모델이라 불리는 가운데 가족이 균형된 체계로 규칙에 지배받는 체계이며, 의사소통과 자아존중감의 기본 요소를 통해 성장과 발달이 이루어짐을 강조한다. 경험주의 접근에서는 감정표현을 모든 사람의 정서공유 수단으로 보기 때문에 감정을 강조하고, 인식과 감정의 표현은 개인과 가족이 가족치료의 목적을 이루는 수단으로 보았다. 그렇기 때문에 상담자는 내담자에게 분명하고 효과적인 방법으로 감정을 표현하도록 한다.

## 2. 주요 개념

사티어의 경험주의 가족치료의 기본 가정은 다음과 같다(Satir et al., 1991).

- 변화는 모든 사람에게 가능하다. 비록 외부적인 변화는 제한되어도 내면적 변화는 가능하다.
- 모든 사람에게는 성공적으로 대처하고 성장하는 데 필요한 내면의 자원과 에너지가 있다.
- 인간은 스스로 의사를 결정할 수 있는 권한과 능력이 있다.
- 우리 모두는 사고와 감정을 지니고 있는 존재이지만 감정은 우리에게 속해 있고 우리는 자신의 감정에 책임을 져야 한다.
- 인간은 새로운 환경과 문화에 적응하고 성장할 수 있는 무한한 가능성이 있다.
- 사람들은 유사성을 근거로 연합되며 사회성을 근거로 성장한다.
- 병리적 현상보다는 건강성과 가능성에 초점을 둔다.

- 문제보다는 변화되기를 희망하는 것에 관심의 초점을 둔다.
- 과거에 대한 수용과 감사는 현재를 발전시킬 수 있는 능력을 증진시킨다.
- 의사소통은 학습되며 그 유형도 변화될 수 있다.

### 1) 자아존중감과 자아가치

자아존중감은 개인이 스스로에게 가지는 평가개념으로 스스로의 사고, 가치관, 행동, 태도에 영향을 미친다. 자신의 내면에서 스스로를 인정하고 인식하며 정당화하기 위한 의식적, 무의식적 노력이 이어진다.

사티어는 이런 자아존중감이 인간의 기본 욕구이며, 생존을 위해 이를 유지, 발전시킨다고 보았다. 그만큼 개인과 가족 문제를 다루는 데 중요한 기준으로 삼았으며, 실제 문제가정은 자아존중감이 낮다는 사실을 발견하고 자아존중감이 높아지면 가족의 건강성을 되찾을 것으로 보았다.

이처럼 자아존중감이 낮은 경우 개인은 자신에 대한 불확실성이 높아지고 불안을 느끼며, 다른 사람이 가지는 자신에 대한 생각에 따라 자존감의 수준이 달라지게 된다.

건강하고 성숙한 자아존중감을 갖기 위해서는 ① 스스로에 대한 가치의식, ② 성에 대한 자아정체성, ③ 다른 사람과의 상호작용, ④ 성숙한 의사소통 등이 필요하다.

### 2) 가족체계

사티어는 가족체계가 기능적일 경우라도 심각한 스트레스 또는 고통을 접할 때는 역기능적 가족체계로 발전할 수 있다고 보았으며, 이런 역기능적 가족체계를 기능적인 가족체계로 변화할 수 있도록 돕는 것을 가족치료의 목표로 두었다.

〈표 8-1〉 기능적, 역기능적 가족체계 특성

| 기능적 가족체계 | 역기능적 가족체계 |
|---|---|
| • 가족구성원들은 관심, 온정, 부드러움으로 경청하며 서로를 신뢰한다.<br>• 서로의 개별성을 인정한다.<br>• 다른 사람의 견해를 존중한다.<br>• 자신에 대한 가치감을 가지고 있다.<br>• 가족 간의 대화가 직접적이고 상황에 따른 일치와 불일치에 대하여 솔직하다.<br>• 가족구성원 서로에게 개방적이고 솔직하다. | • 가족구성원들은 서로 경계하거나 적대적이며 융통성이 없다.<br>• 수동적이고 힘이 없으며 서로 무관심하고 대화가 없으며 거리감이 있다.<br>• 가족체계 안에서 가족규칙이 일관성을 지니지 못한다.<br>• 가족구성원 간에 힘의 구조가 수시로 바뀐다.<br>• 냉랭하고 두려움이 많다. |

출처 : Banmen(1994).

## 3) 의사소통 유형

의사소통은 한 사람이 다른 사람과 여러 형태의 관계를 유지하고 그들에게 어떤 상황이 일어나는지를 결정짓는 중요한 요인이다. 이는 자신의 가치를 평가하거나 측정할 수 있으며, 상호 간 감정을 교류하고 변화시킬 수 있는 방법이다(Satir et al., 1991).

사티어는 이런 의사소통은 사람들 간 주고받는 모든 것을 의미하며, 공유의 과정으로서 영향력을 행사할 수 있는 정보의 중요성을 강조하였다. 특히 언어적 · 비언어적 의사소통 과정을 중요시하며 전달되는 메시지의 일치성과 불일치성에 큰 의미를 두었다.

이와 관련하여 어려운 문제를 가진 가족성원들이 사용하는 역기능적인 의사소통 유형을 다수의 임상경험을 통해 확인하였다. 역기능적 의사소통은 스트레스 상황에 낮은 자존감을 가진 역기능적 가족구성원들의 상호작용에서 나타나게 된다. 이런 역기능적 의사소통이 지속적인 사람은 낮은 자아존중감을 보이며 다른 사람을 인정하지 않고 받아들이지 않는 의사소통을 한다.

사티어의 역기능적 의사소통의 네 가지 유형은 다음과 같다(김유숙, 2003).

〈표 8-2〉 역기능적 의사소통 유형

| 구 분 | 내 용 |
|---|---|
| 회유형 | • 자신의 감정을 존중하지 않으며 어떤 문제이든 해결하고자 노력함<br>• 표면적으로 아주 약하고 의존적이며 무조건 순종적임<br>• 자신은 편하게 느끼지 못하면서 다른 사람들에게는 편하게 대해줌<br>• 모든 것을 자기 책임으로 돌리고 무조건 동의하고 상대방이 원하는 대로 행동하고 희생적으로 행동함<br>• 분노를 억압하고 회유형의 의사소통을 오랫동안 하게 되면 신체적으로 질병을 얻음<br>예 "당신이 원하는 것은 무엇이든 다 좋아요. 나는 오직 당신만을 행복하게 해주고 싶을 뿐이에요." |
| 비난형 | • 회유형과 반대의 유형<br>• 자신을 보호하기 위해 다른 사람을 무시하고 괴롭히며, 오로지 자신만을 생각함<br>• 자기주장이 강하고 독선적이고 명령적이며 지시적임<br>• 잘못은 남의 탓으로 돌리고 참을성이 없으며 자신이 제일이라고 생각함<br>• 상대방의 말을 경청하지 않고 비난하면서 자신이 가치가 없다고 생각하며 자신이 실패자라는 패배감을 가지고 있음<br>예 "당신만 아니었더라면 모든 일이 잘 되었을 텐데…"<br>"당신은 무슨 일이든 제대로 하는 것이 없어. 도대체 어떻게 된 거야?" |
| 초이성형 | • 자신이나 다른 사람을 지나치게 낮게 평가함<br>• 비인간적인 객관성과 논리성의 소유자로 상황만을 중요시함<br>• 지나치게 이성적이고 잘 따지며, 주로 부정적인 측면을 말하고 매우 정확하고 어떤 감정도 나타나지 않으며 지나치게 세심함<br>• 인정이 없고 융통성이 없으며, 지나치게 합리적이고 냉정하며 침착함. 하지만 실제로는 마음의 상처를 받기 쉬움<br>• 강한 자존감과 지나친 책임감으로 남의 장점을 인정하지 않으며 실수하지 않으려 하고 권위적임<br>예 "사과를 드립니다. 제가 지나가다가 부주의하여 당신의 팔을 쳤군요. 혹시 피해를 드렸다면 제게 연락을 주시기 바랍니다." |
| 산만형 | • 초이성형의 반대 유형<br>• 생각이나 주제를 자주 바꾸고 책임이 없는 말을 하며 내용이 산만함<br>• 말에 요점이 없고 다른 사람의 질문을 무시함<br>• 정서는 혼란스럽고 소속감이 없으며 부적합성을 보임<br>• 상황에 맞지 않는 말을 하며 비합리적이고 잘 모르면서 말함<br>• 자신과 다른 사람 모두를 중요하게 생각하지 않음<br>• 난처할 때는 농담을 하거나 딴전을 피움<br>• 관련이 없고 뜻도 없고 초점이 없는 동문서답을 함<br>예 "너무 심각할 것 없어. 재미있게 살아. 무슨 상관이야." |

역기능적인 의사소통은 낮은 자존감을 가진 사람들의 대처방식으로 상황에 따라 한 가지 또는 두 가지 이상의 역기능적인 의사소통 유형을 사용하며 상대방에 따라 그 유형도 달라진다.

이와는 반대로 스스로가 주체적으로 다른 사람과 관계를 갖고 직접적으로 사람과 관계를 맺는 일치적 의사소통 유형이 있다. 일치형의 사람은 자신과 다른 사람을 살피며 현재의 상황을 이해하고 반응하기를 원한다(Nichole, 2014).

〈표 8-3〉 일치형 의사소통 유형

| 구 분 | 내 용 |
| --- | --- |
| 일치형 | • 자신과 타인의 상황 모두를 존경하며 신뢰함<br>• 개인의 특성을 존중하고 자신의 내적 · 외적 자원들을 사용하여 대화가 개방적임<br>• 책임감이 강하고 자신의 잘못도 스스로 수용할 수 있음<br>• 정서가 안정되어 있고 관계가 원만하며 문제해결의 능력을 지니고 있음<br>• 변화에 융통성이 있고 정직하며 하나의 메시지로 직접적임<br>예 "내가 당신을 밀었군요. 미안합니다. 다치신 데는 없으세요?" |

사티어는 원만함, 책임감, 정직성, 친근감, 능력, 창의성 그리고 현재 문제를 현실적으로 해결하는 능력을 가진 기능적인 사람의 의사소통을 일치된 의사소통으로 보고 치료목표로 보았다.

체계적인 관점에서 가족구성원의 의사소통 유형은 가족에 의해 형성된 것으로, 내담자의 낮은 자존감은 가족 전체와 함께 일치형 의사소통으로 변화시키는 것이 가장 좋은 방법이다.

### 4) 가족규칙

가족규칙은 가족 내 정해진 명령이면서 내재화된 것으로 가족체계를 조절하고 유지하는 역할을 한다. 부모가 자녀에게 제공하는 생활방식은 가족체계를 유지하고 사회의 일원으로 살아가는 데에도 도움을 주게 된다. 그만큼 가족구성원이 조직화된 가족체계 내에서 반복적으로 행동하고 이와 같은 행동 유형들이 가족생활을 지배하는 규칙에 따라 형성된다(Satir et al., 1991).

사티어는 규칙을 각자에 맞는 방식으로 융통성 있게 적용해야 함을 주장하였으며, 그 초점을 감정규칙에 두었다. 가족 내 존재하는 금지된 주제, 구성원의 고통스러운 규칙은 구성원의 행동에 영향을 주는 보이지 않는 힘이다. 따라서 고통의 원인은 '나쁜 사람'이 아닌 '나쁜 규칙'에 있다고 보고 가족구성원 상호 간의 어려움을 만드는 규칙으로 보았다.

가족규칙은 가족구성원이 지킬 수 있을 정도로 인간적이고, 변화에 유연할 정도의 융통성을 필요로 한다고 보았다. 그 중심인 감정규칙에 더해 사회화에 관한 규칙, 상황의 변화에 따른 규칙의 융통성, 정보를 다루는 규칙, 차이를 다루는 규칙, 금지된 주제, 성과 연령에 따른 규칙 등을 중요시하였다. 이와 관련한 주요 지침은 다음과 같다.

- 인간적으로 가능한 규칙인가?
- 변화하는 상황에 따라 규칙은 변화하는가?
- 차이는 어떻게 받아들여지는가?
- 정보공유에 관한 규칙은 어떠한가?
- 비밀이나 금지된 화제가 있는가?
- 경험(느끼고, 보고, 들은 것)과 감정의 표현에 관한 규칙은 어떠한가?

## 5) 원가족삼인군

사티어는 부모가 자녀의 사랑을 얻기 위한 과정에서 문제가 발생한다고 보며, 자녀가 부모의 사랑을 얻기 위한 과정의 문제를 제시한 프로이트와 다른 입장을 취한다. 이는 자녀에게 문제가 발생하면 모든 자녀는 부모와 나,

세 사람의 관계를 갖추기 때문에 부모와 자녀의 관계, 즉 삼인군의 맥락에서 문제를 이해해야 한다고 보았다. 삼인군의 형태는 부모와 자녀 사이의 상호작용의 강도, 순서, 자녀 개인의 특성, 서열, 각 자녀에 대한 부모의 태도, 특히 부모가 특정 자녀에게 보이는 차별적인 반응과 태도로 결정된다(Satir & Bladwin, 1983).

이에 사티어는 자녀가 인간다워지는 법을 배우는 것은 자기, 아버지, 어머니 세 사람 사이의 관계에 달려있다고 보았다. 아이를 위한 양육체계의 기능을 수행하는 데에 부모가 어려움을 겪을 때, 상담자는 이런 관계에서 양육기능을 어떻게 향상시킬 수 있는지를 고려해야 한다.

## 3. 치료적 개입

### 1) 치료목표

경험주의 가족치료는 역기능적 상호작용을 바꾸는 것이 치료목표이며, 개인의 성장을 최대의 목표로 본다. 안정적인 상황의 유지가 아닌 성장에 중점을 둔 증상의 감소와 사회적 적응을 중요하게 보고 내적 경험과 외적 행동의 일치, 선택에 대한 자유로움, 덜 의존적인 것, 경험의 확대를 기본적 목표로 두고 있다. 이를 달성하기 위한 방법은 개인에게 중요한 의미 있는 대상과의 의사소통이 유일한 것으로 본다.

이러한 치료목표 달성을 위해서는 다음의 가족체계 내 변화가 요구된다.

첫째, 가족구성원들은 스스로와 타인에 대하여 보고, 듣고, 느끼고, 생각하는 것에 대해 다른 사람 앞에서 일치적이고 분명하게 말할 수 있어야 한다.

둘째, 가족구성원들은 자신에 관한 이야기를 하고 이를 존중하도록 하는 것으로 교섭적인 의사결정이 이루도록 한다.

셋째, 상호 간의 차이를 인식하고 성장을 위한 차이점을 사용하도록 한다.

목표달성을 위해서는 가족 간 일어나는 상호과정에 초점을 두고 협의의 목표를 다음과 같이 제시한다.

① 내담자의 자존감을 높인다.

② 내담자 자신이 선택권자가 될 수 있도록 돕는다.

③ 내담자가 책임감을 갖도록 한다.

④ 내담자가 일치형의 사람이 되도록 돕는다.

가족체계 내에서의 건강한 통합이 개인의 성장을 이끄는 만큼 가족 간의 협력의 과정과 기술을 강화하고 가족구성원 스스로 선택하고 그 결과에 책임질 수 있도록 인식시키는 것이 필요하다.

## 2) 치료과정

### (1) 접촉단계

접촉단계는 첫 면담 이후 내담자와 상의하여 기초적인 계획을 수립하는 단계이다.

### (2) 탐색단계

가족체계, 가족규칙, 의사소통, 가족구성원의 자아존중감과 자기가치 등을 조사하고 진단하는 단계이다. 이 단계에서는 변화와 성장에 대한 신념을 토대로 과정에 초점을 두고 빙산탐색 과정으로 사정하고 개입한다. 빙산탐색 과정을 정리하면 다음과 같다.

〈표 8-4〉 빙산탐색 과정

| 구 분 | 탐색과정 |
|---|---|
| 행 동 | • 빙산 위에 나타난 어떤 사건에 대한 활동과 이야기에 대해 내담자가 보고 들은 객관적 사실은 무엇인가?<br>• 그가 보고 들은 것에 대하여 어떤 의미를 부여하는가?<br>• 그 사건의 의미는 원가족과 자신의 자존감 수준에 어떠한 영향을 주는가? |
| 대 처 | • 수면에 나타난 사건에 대해 내담자는 어떻게 대처하였는가?<br>• 어떤 대처방식과 방어기제를 활용하였는가? |
| 감 정 | • 기쁨과 흥분의 감정이었는가?<br>• 분노와 두려움, 슬픔과 아픔에 대한 감정이었는가? |
| 감정에 대한 감정 | • 그 사건에 대한 자신의 감정에 대한 감정은 무엇인가? |
| 지 각 | • 그 사건의 대처방식에 대한 자신의 '감정'과 '감정에 대한 감정'의 내담자의 해석 규칙들은 무엇인가?<br>• 보통 자신이 가지고 있는 가족규칙 · 습관 · 신념 · 가정 · 고정된 시각에 의해 자신이 갖는 주관적 해석이다. |
| 기 대 | • 오늘날까지 충족되지 않은 기대에 대해 어떻게 대처하여 왔는가?<br>• 충족되지 않은 기대의 탐색과 해결방안으로는 자신에 대한 기대와 타인에 대한 기대. 자신에 대한 기대는 무엇이었는가를 탐색한다. |
| 열 망 | • 내담자 자신이 이루고자 하는 소망 · 열망에 대한 탐색으로써 자존감을 높일 수 있는 새로운 방안을 모색한다. |
| 자 아 | • 내담자 자신을 지탱하는 생명력(Life-Source)은 무엇인가?<br>• 자신의 정신력 또는 영혼 깊숙한 곳에서 솟아나는 에너지의 근원은 무엇인가를 탐색한다. |

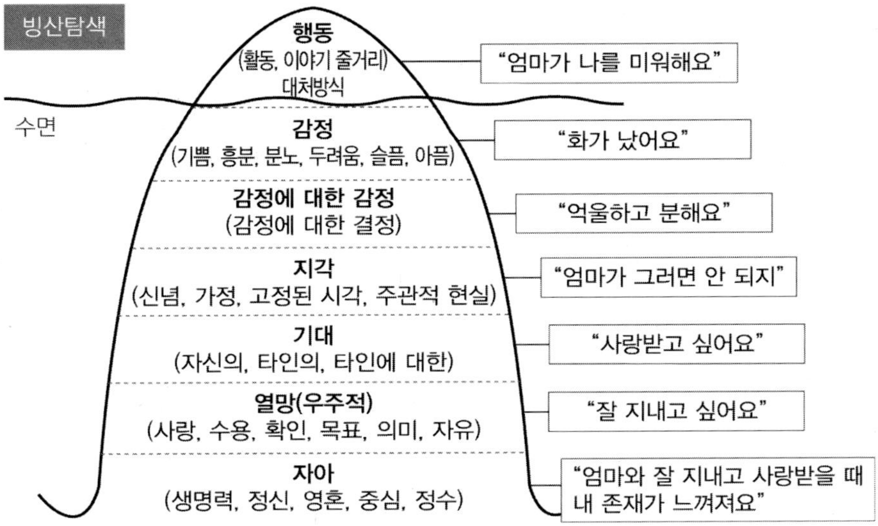


**| 그림 8-1 | 사티어 모델의 빙산탐색**

### (3) 혼돈단계

가족체계 내에 혼란, 내면의 감정이 드러나거나 구성원 간 정서적 접촉욕구, 기존 행동규칙을 벗어나 새로운 표현 등의 장애요인이 발생한다.

### (4) 통합단계

가족구성원이 새로운 변화에 긍정적으로 적응하고, 새로운 경험과 상황에 대한 수용, 판단 그리고 분명한 자기표현이 이루어진다.

## 3) 개입기법

사티어의 가족치료모델은 문제를 가족 전체의 문제로 보고 문제를 지속시키거나 대화의 단절, 역기능적 의사소통 등에 초점을 둔다.

### (1) 재정의

재정의는 부정적 의미를 긍정적으로 변화시키는 기법으로 내담자의 문제를 좀 더 적절한 것으로 재규정함으로써 내포된 좋은 의미를 새롭게 하여 가치판단에 변화로 가져오는 것이다. 다소 간단한 기법일 수 있으나 내담자의 판단기준과 사고에 영향을 주는 감정, 행동, 생각 등에 작용하는 효과적인 기법이다.

### (2) 가족조각

가족조각은 과거 사건과 장면을 새롭게 다루는 기법으로, 특정 어려움을 경험한 시기에 가족관계를 물리적 위치와 몸짓, 표현의 방법을 통해 상징적으로 배치하는 것이다. 이를 통해 서로 간의 친밀도, 의사소통의 관계를 조작하며 가족성원들 각자 내면의 감정을 떠올리며 스스로가 알고 느끼는 새로운 대처방법을 생각하는 기회를 가지게 된다. 특히 심리극에서 다수 활용되는 기법으로 비언어적이고 가시적으로 관계유형을 다루고 경험함으로써 가족구성원의 연합과 세력구조도 함께 살펴볼 수 있다.

가족조각은 세 가지 역할과 네 단계로 구성되는데(Ziff, 2009), 세 가지 역할은 다음과 같다.

- **조각가**(내담자인 가족구성원) : 가족구성원들을 특별한 자세로 조각한다.
- **촉진자**(가족치료사) : 조각가를 지지하고 보호하며 안내하는 사람이다.
- **가족구성원** : 조각하는 과정에 참가해 관찰하고 의견을 말해준다.

네 단계 구성은 다음과 같다.

- **장면 정하기** : 상담자는 조각가가 탐구할 장면을 선택하도록 돕는다.
- **역할극을 담당할 사람 선택하기** : 가족 개개인이 가족구성원을 표현하기 위해 선택된다.

- 조각 만들기 : 조각가는 각 사람을 특정한 비유적인 위치에 공간적으로 배치한다.
- 조각 처리하기 : 조각가와 다른 참가자들이 역할을 마친 후에 연습에 참여해 느낀 감정과 통찰에 대한 의견을 교환한다.

### (3) 가족 재구조화

사티어가 개발한 혁신적 가족치료 기법으로 가족의 역기능적 체계를 건강하고 기능적 체계로 변화시키는 기법이다. 맞지 않는 가족규칙과 잘못된 개념의 제거를 기본 개념으로 하는 이 기법은 가족구성원이 원가족으로부터 발생한 삶의 역기능적인 패턴을 발견하도록 돕는다.

내담자에게 3대에 걸친 가계도를 만들어 가족구성원의 인격적 특성을 형용사로 표현하고 가족생활연대기를 기록하여 내담자가 성장하며 맺었던 관계를 수레바퀴처럼 표현하는 기법으로 부모와 자아로의 분리에 왜곡된 사고가 어디에서 시작되었는지를 찾게 한다.

① 가족지도

가족의 3대에 걸친 구조를 시각적으로 보여주는 것으로, 원은 지도에서 사람을 나타내며, 선은 가족 내 관계를 표현한 것이다.

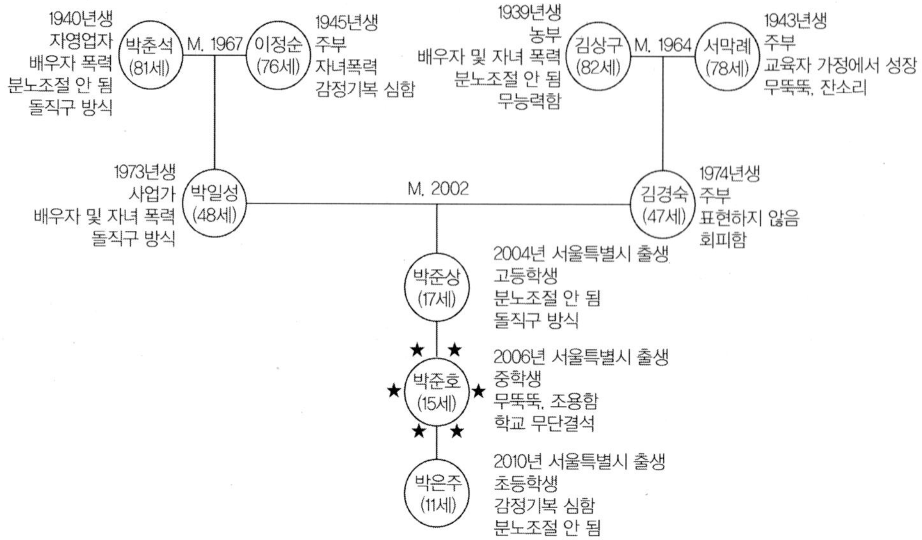


**▎그림 8-2▕ 가족지도**

출처 : 박태영(2023). 가족치료의 이론과 실천. 학지사, p. 368.

② 가족생활 연대기

가족지도 다음으로 사용되는 도구로 스스로의 삶과 확대가족에서 중요한 사건에 대한 목록을 작성하는 것이다. 가족지도에 제시된 인구학적 정보뿐만 아니라 질병, 이사, 전학, 결혼, 이혼, 도박 등 중요한 내용을 기록한다.

③ 영향력 수레바퀴

가족재구조화의 마지막 도구로 자신을 가운데에 두고 긍정적, 부정적 영향을 끼친 사람을 제시하며, 선의 두께로 주요하거나 가까운 관계를 그린다. 이 도구는 내담자의 내면화된 강점과 약점, 스스로가 새로워지고 보다 효과적인 대처방안에 필요한 자원을 보여준다(Gladding, 2018).

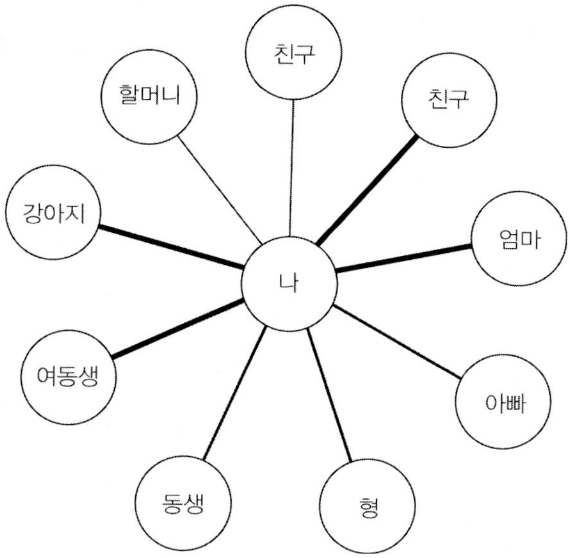


**┃그림 8-3┃ 영향력 수레바퀴**

출처 : 박태영(2023). 가족치료의 이론과 실천. 학지사, p. 370.

### (4) 신체적 접촉

사티어는 가족치료 초기 내담자와 라포를 형성하는 방법으로 신체적 접촉을 사용하였으며, 내담자들이 의사소통 방법을 연습하는 과정에서도 그들을 격려하기 위해 신체적 접촉을 사용하여(Satir et al., 1991) 감정의 내용을 강조하고 확실한 지지를 제공했다.

사티어가 활용한 신체적 접촉은 가족구성원의 팔을 잡거나 어깨를 가볍게 톡톡 치거나 악수를 나누고 포옹하는 것을 포함하여 극단적인 경우 몸씨름을 하기도 한다. 가령 공격적인 행동의 대안이거나 부모가 다루기 힘든 아이를 다루는 모델로 신체적 접촉을 사용하였다.

그럼에도 경험주의 가족치료에서는 내담자의 경계를 침범하지 않도록 하였다. 특히 신체적 접촉은 돌봄과 관심을 표현하는 것일 수 있으나 부적절하거나 과도한 사용의 경우 접촉이 가지는 좋은 점이 상실되기 때문이다

(Gladding, 2018). 더구나 동성, 이성을 포함한 성적인 문제로 비춰질 수 있는 민감한 상황에서는 유의해야 한다.

### (5) 소품활용

가족치료과정에서 소품은 행동을 나타내거나 행동의 상황을 설명하기 위해 사용되는 도구로, 밧줄과 눈가리개를 주로 사용한다. 이는 소품 자체의 의미가 아니라 은유적으로 사용되는 것으로, 밧줄은 가족구성원이 서로 연결된 상태를 나타내게 된다. 가족과의 치료과정에서 가족구성원의 허리에 밧줄을 묶고 누군가를 선택하여 움직이도록 요청한다. 이를 통해 가족이 상호작용 관계의 존재임을 경험하도록 하는 것이다. 그리고 밧줄을 통해 한 사람의 움직임이 어떻게 나머지 가족구성원에게 영향을 주는지는 느낄 수 있게 된다(Murray & Rorter, 2002). 소품의 사용 이후 상담자는 가족구성원이 이번 경험이 가족관계에 어떤 영향을 미쳤으며, 가족관계의 역동과 어떤 유사성과 차이점이 있는지를 이야기하게 한다.

### (6) 나 메시지

역기능적인 가족의 경우 가족구성원은 일반적으로 '우리'라는 일인칭 복수형 지칭을 사용하고 불확실하거나 불특정한 메시지를 주는 경우가 있다. 이는 부정적인 상황에 대한 자신의 감정은 배제하고 상대를 질책하는 듯이 표현하게 되며 관계의 악화를 초래한다.

이런 점에서 나 메시지는 개인적이고 책임 있는 방식으로 자신의 감정을 표현하며 다른 사람에게도 의견을 말하도록 하는 것이다. 일인칭 주어를 사용하여 의사소통의 조화를 이루도록 하며 자신의 감정과 바람을 솔직하고 진실되게 표현하면서 적절한 상황에서 이루어지게 한다.

그 예로 부인이 남편에게 가지는 불만을 너 메시지로 전할 경우, "당신은 매일 TV만 보고 자기밖에 모르는 이기적인 사람이야"이지만, 이를 나 메시지로 바꿀 경우, "나는 어릴 때 아버지가 TV만 보고 계시며 엄마를 도와주지 않는 모습에 엄마의 힘듦이 느껴져 안타까웠는데, 당신에게서 그런 모습이 보이니 그때 아버지의 모습이 떠올라 너무 속상하고 우울하네요. 그래서 당신이 TV 보는 시간을 조금 줄이고 아이들과 시간을 보내준다면, 내가 아이에게서 받는 스트레스도 더 줄어들 것 같아요"가 된다.

이처럼 나 메시지를 통한 의사소통의 증가는 내담자의 선입견을 줄이고 자존감과 자기가치감을 증가시키는 효과로 이어진다.

# CHAPTER 09 구조적 가족치료

## 1. 이론적 배경

구조적 가족치료는 미누친에 의해 개발된 이론으로 체계론적 관점을 기반으로 하는 가족구조에 초점화된 모델이다. 가족의 복잡한 상호작용에 규칙과 의미를 부여하는 준거틀을 마련함과 동시에 다른 가족체계적 접근과 같이 문제와 해결에 관한 맥락적 초점에 집중한다. 특히 문제를 서술하고 해결책을 확인하는 데 있어 공간적이고 조직적인 유추를 사용하며 적극적인 상담자의 역할과 방향을 강조한다(Colapinto, 1991).

구조적 가족치료모델은 사회적인 상황에 속한 개인을 대상으로 하는 이론과 기술체계임에도 불구하고 개인에게 초점을 두는 대신 가족 내 개인에게 초점을 두고 가족조직을 변화시키는 데 집중한다. 그리고 가족의 구조가 변하며 가족구성원들의 지위가 달라짐에 따라 각 개인의 경험도 변화한다고 본다. 치료목적 또한 구조적 변화를 강조하고 가족을 재구조화하는 과정에 있는 만큼 상담자는 적극적으로 개입하게 된다(Becvar & Becvar, 1988).

이 모델의 특징은 다음과 같다(Goldenberg, Stanton & Goldenberg, 2017).

첫째, 개인의 증상은 가족 상호 교류패턴의 맥락에 중점을 두고 있다.

둘째, 증상이 해결되기 전에 가족조직이나 가족구조가 변화되어야 한다.

셋째, 상담자는 그 증상을 포함한 구조나 맥락을 변화시키는 데 직접적인 지도력을 발휘해야 한다.

이처럼 일관성 있고 반복적인 예측이 가능한 가족의 행동유형은 상담자로 하여금 가족 내 존재하는 기능적인 구조를 확인할 수 있게 한다. 이어 가족의 구조를 형성하는 정서적 경계선과 연합의 개념으로 가족구조를 이해하게 하며, 가족치료에 체계적이고 조직적으로 접근할 수 있도록 한다. 따라서 가족치료는 가족의 상호교류 맥락이 변화하면서 증상이 감소함과 동시에 개인행동의 변화가 발생하며 역기능적 가족의 조직적 변화가 이어지게 된다.

이와 같이 가족조직의 구조가 변화할 때 조직 내 가족성원들의 위치, 역할, 기능이 변화하고 그 결과 개인의 행동이 변화한다는 구조적 가족치료의 기본 전제는 다음과 같다.

① 인간은 고립된 존재로 살 수 없다.

② 인간은 사회집단의 다른 성원과 지속적으로 교류하고 반응한다.

③ 인간의 행동과 경험은 환경과의 상호작용으로 결정된다.

④ 인간은 사회환경과 영향을 주고받는다.

결과적으로 구조적 가족치료는 가족이라는 사회상황이 대인의 내면적 과정에 영향을 미치며, 가족구조적 상황의 변화를 통한 개인의 변화를 이끎과 동시에 상담자가 가족구조 상황의 일부가 되어 행동함에 따라 가족변화에 중요한 의미를 갖게 된다.

## 2. 주요 개념

### 1) 가족구조

가족구조는 개인과 개인 간 경계에 따라 하위체계의 가족이 조직되는 방법으로 가족구성원이 상호작용하는 방법을 조직하는 기능을 가짐에도 불구하고 보이지 않는 기능적 유형에 속한다. 가족구조는 가족의 안정성을 유지하거나 새로운 대안을 찾기 위해 가족이 어떻게 구조를 조직하는지 알 수 있는 기준이 된다. 따라서 가족구조가 형성되면 변화하는 환경이 체계 내의 긴장과 문제를 나타낼 때까지 변화에 저항하게 된다(Goldenberg et al., 2017). 그 예로 아들이 어머니의 지시는 듣지 않지만 아버지의 지시는 듣는 경우 가족구조에서 아버지는 권위적 인물이며, 어머니는 그에 비해 영향력을 덜 가진 구조로 볼 수 있다.

상담자는 재구조화가 필요한 문제가 발견되거나 비효과적인 상황이 확인될 경우 상담 중 나타나는 반복적인 가족과정을 집중적으로 관찰한다. 이 과정에서 가족구조가 분명히 드러나며, 이는 가족구성원의 상호작용 양상을 알아차리기 위해서도 중요하다(Nicole, 2014).

가족의 상호작용 상황은 가족 내 숨겨진 규칙을 통해 가족구성원의 상호작용을 일정 부분 규제하기도 하는데, 여기에는 보편적인 규칙과 특별하고 개별화된 규칙이 존재한다. 그 예로 잘 기능하는 가족의 경우 부모가 자녀보다 더 권위와 세력을 가지고 나이가 많은 자녀가 어린 자녀보다 더 큰 책임과 특권을 가지는 위계를 가진다. 그리고 여기에는 부부간 한 팀으로 활동하며 상호의존성을 가지고 기능의 상보성 또한 일반적으로 나타난다. 반면 특별하고 개별화된 규칙들은 역기능적인 가족에서 나타나며 가족구조가 모호하고 불분명하거나 지나친 경직으로 위계질서가 무너짐에 따라 문제해결에 제약이 발생한다.

## 2) 가족하위체계

미누친은 가족을 다양한 하위체계의 하나로 보고 부부, 부모, 형제 등의 하위체계가 위계적인 질서로 배열되어 존재하고 조직된다고 보았다. 가족에 따라 성별(남성과 여성), 세대(부모와 자녀), 활동(운동과 음악), 기능(가사 활동 책임) 그리고 성격(진지와 유쾌)에 이르기까지 다른 영향력이 있는 하위체계가 발달되기도 한다(Gehart, 2016). 하위체계는 가족구조의 구성요소이면서 전반적인 가족구조 기능에 필요한 가족과업을 수행하기 위해 존재한다. 가족구성원들은 여러 하위집단에 동시에 소속될 수 있고 많은 하위집단을 조직할 수도 있다. 그리고 하위집단 내 차이가 나는 권력수준을 가지거나 다른 기술을 사용할 수 있으며, 가족 내 다른 하위체계 구성원과 상호작용을 할 수도 있다.

일반적으로 부부, 부모, 형제 하위체계가 가족 내에서 가장 중요한 하위체계이며, 하위체계에서 고려할 중요한 점은 부모와 부부 체계 사이의 명확한 구분, 부모와 자녀/형제 하위체계 간의 명확한 경계선이다.

### (1) 부부하위체계

성인 두 사람의 결혼으로 형성되는 부부하위체계는 한 가정에서 가장 중요한 위치를 차지하는 체계이다. 특히 배우자 간의 역할에 적응하고 협상하는 조정은 자신의 원가족과의 적절한 독립성, 즉 분화가 큰 영향을 미친다. 부부가 차이를 협상하고 욕구를 수용하는 상보적인 역할의 발전은 변화하는 환경에 적응하는 가족의 안정성과 융통성의 가능성에 영향을 미친다.

어떤 주제에 대한 조정과 협상에서도 부부하위체계에서 이루어지는 조정과정은 가족이 기능적으로 수행하는 기본 도구로서 중요하며 각 배우자가 자신의 고유한 재능과 흥미를 개발할 수 있도록 지원해 주어야 한다.

### (2) 부모하위체계

자녀가 출생하면서 가족구조는 변화를 가지며 가족 내 자녀에 대한 부모로서의 관계를 통해 형성하는 체계이다. 부모하위체계는 자녀를 양육하고 보호하며 자녀의 사회화에 대한 책임을 가진다. 그만큼 구조적 가족치료에서 부모하위체계는 가족이 건강하게 기능하는 데 매우 중요하다(Madden-Derdich, Estrada, Upsegraff & Leonard, 2002). 가령 부부하위체계에서 원만한 조정과 협상이 이루어진 경우 조정과 협상 기술은 부모하위체계를 발전시키는 데 매우 유용하다.

부모하위체계는 부모와 자식이 동맹을 맺지 않고 기능할 때 건강하게 유지된다(Gladding, 2018).

### (3) 형제하위체계

남녀 형제들의 관계를 통해 이루어진 체계로 가족 내 같은 세대의 구성원으로 이루어진 단위이다. 형제하위체계는 같은 부모에서 태어난 자녀뿐만 아니라 혼합된 형제(즉, 계부모)하위체계도 존재한다.

형제하위체계는 경쟁과 차이의 협상뿐만 아니라 지지와 협력 그리고 보호를 배우는 첫 번째 경험을 가진다. 그리고 발달에 따른 변화와 관계 변화의 해결을 위해 부모하위체계와 협상한다(Goldenberg et al., 2017). 필요에 따라 자녀끼리 연합하여 부모하위체계에 대응하기도 한다.

## 3) 경계선

경계선은 사람들이 서로 분리되고 조직하는 물리적이며 심리적인 요소이다. 이처럼 가족구성원이 상호작용을 통해 관계 맺는 것은 가족구성원과 하위체계 간의 경계선에 따른다. 하지만 경계선은 실제 보이지 않는 것으로 타인과 접촉 수준을 제한하는 장벽이면서 개인, 하위체계, 전체 가족은 대인관계상의 경계선에 따라 구분되며, 이들은 위계와 거리를 조정하면서 각각 자율성을 가진다(Nichole, 2014).

가족 내 경계선에서 융통성과 침투에 있어 가족이 적절하게 기능하기 위해서는 하위체계의 경계선이 명확해야 한다. 구조적 가족치료에서는 이런 경계선을 강도에 따라 절선, 실선과 점선으로 표시하며, 분명한, 경직된, 모호한 경계로 구분되는 유형이 존재한다. 구조적 가족치료에서는 보웬의 가계도 활용처럼 가족지도 그리기를 통해 하위체계의 문제와 관련된 상호작용패턴을 도식으로 나타내며 이를 치료계획에 활용한다(Goldenberg et al., 2017).

지도 그리기는 가족 경계선과 제휴, 연합, 동맹 그리고 우회적인 전략 등이 가능한 조합을 나타내며 가족의 조직을 도표로 묘사하고 상담자가 재구조화를 요구하는 가족 하위단위를 발견하도록 돕는다.

### (1) 분명한 경계

하위체계 간 가장 이상적인 경계라 할 수 있으며 안정적이고 융통성이 있다. 그만큼 가족구성원의 상호 간 의사소통과 관계가 원활한 규칙과 습성을 나타내며, 자유롭게 의견을 순차적으로 전하며, 협상과 조정이 원활하게 이루어진다. 이런 과정은 가족의 변화를 촉진하며 가족의 안정성이 유지된다.

### (2) 경직된 경계

경계선이 지나치게 분명하고 지지체계로부터 분리되어 있음을 의미하는 것으로 융통성이 없으며 가족구성원 간 서로 분리되지 못하도록 한다. 그에 따라 가족구성원들은 서로 친밀한 관계를 맺는 것에 어려움을 경험할 뿐만 아니라 다른 구성원으로부터 감정적으로 차단하려 한다. 한편으로 자율성이 유지될 수는 있어도 서로 간 양육, 관여, 애정교환, 충성심은 거의 없으며, 혼자 있는 시간과 공간을 선호하고 다른 사람과의 관계를 무시, 경시한다.

### (3) 모호한 경계

모호한 경계는 가족구성원 간 분리가 충분치 않으며 일부가 융합되게 만들어 감정적으로 지나치게 개입되어 있는 상태를 말한다. 즉, 경계선이 혼돈되어 있는 상태로, 전혀 구분되지 않은 상태를 의미한다. 모호한 경계선으로 인해 보호받지 못한 하위체계의 개인은 상호작용 기술을 제대로 발달시키지 못하며, 지나치게 밀착된 관계에 따라 독립적인 생각과 행동에도 제한이 따르고 부모 외의 대인관계 기술을 배울 기회를 놓치게 된다. 이처럼 가족체계 참여에 대한 규칙이 없기 때문에 모든 문제에 서로가 지나치게 얽혀 필요 이상의 관여가 이루어진다. 이 같은 모호한 경계선이 부모에게 지지받고 양육받았다는 느낌을 만들 수는 있으나 독립적인 행동을 취할 수는 없는 만큼 이에 해당하는 가족구성원은 분화수준이 낮고 의존성이 발달한다(Gladding, 2018).

## 4) 제휴, 권력, 동맹

제휴(alignments)는 가족구성원이 가족활동을 함에 서로에게 협력하거나 반대하는 방법으로, 가족구성원들이 서로와 맺는 정서적 혹은 심리적 연결을 의미한다(Goldenberg et al., 2017). 그리고 가족 내 참여와 활동에 다른 가족구성원을 지지할 것인지 아닌지를 말한다. 삼각화라 부르는 역기능적 제휴의 경우 각각의 부모가 자녀에게 다른 부모에 대항해 자신의 편이 되기를 요구하는 것으로, 다른 부모 입장에서는 공격 또는 배반으로 보기도 한다.

보웬의 삼각관계와 유사하게 부모 서로 간 문제 해결이 어려울 때 제3자를 불러들여 상호작용하기도 한다.

권력(power)은 누가 결정권자인지를 묻는 권위와 누가 결정을 하는가의 책임과 관련된다. 권력은 절대적이지 않으며 맥락 또는 상황과 관련되며 상대적인 영향을 가지는데, 가령 가족 내 딸의 행동에는 부모의 영향이 클 수 있으나, 외부 사회적 관계에서는 최소한의 영향을 미치는 것과 같다.

동맹(coalitions)은 제3자에 대응하기 위한 가족구성원의 연합을 말하는 것으로, 안정된 동맹은 가족의 일상 기능에 지배적으로 고정되어 있어 융통성이 없고, 우회적인 동맹을 통해 부부가 배우자와의 어려움을 책임질 제3의 가족구성원을 끌어들이고 그때 발생하는 스트레스를 감소시킨다.

구조주의에서는 가족 내 바람직한 결과를 이끌기 위해서 먼저 부모가 함께 권력을 가진 하위체계를 형성하기 위한 명확한 세대 간 경계선을 가지고 자녀 훈련과 같은 주요 문제에 대해 부모 간 연합해야 하며, 동의가 어려울 경우 부모 중 누가 결정할 것인지에 대한 권력, 권위에 관한 규칙이 있어야 함을 강조한다.

## 3. 치료적 개입

### 1) 치료목표

구조적 가족치료는 가족의 문제를 역기능적인 가족구조에 있다고 보고 증상행동 또한 가족구조의 기능 입장에서 다룬다. 그렇기 때문에 가족구조의 변화를 가족문제의 해결로 보고 적절한 구조적 반응이 이루어질 때 문제는 자연스럽게 해결될 것이라 본다. 따라서 가족이 가족문제를 해결할 수 있도록 가족구조를 변화시키는 것이 가족치료의 목적이다. 즉, 구조적 가족치료의 중요 목표는 가족구조 변화를 통해 가족의 하위체계 간의 분명한 경계선을 갖도록 하는 것으로, 가족구조의 변화는 서로에 대한 규칙을 변화시키는 것으로 체계의 경직되고 모호한 경계선의 변화로 이어진다.

이처럼 구조적 가족치료는 가족의 상호작용패턴 변화를 통해 역기능적인 가족행동의 변화와 증상을 제거하는 것이며 그 구체적 목표는 다음과 같이 제시된다(Becvar & Becvar, 2013).

- 가족에는 효율적인 위계구조가 있어야 한다. 부모가 모든 책임을 갖고 부모의 권위를 바탕으로 세대 차이가 인정되어야 한다.
- 부모 간의 연합이 있어야 한다. 부모는 서로를 지원하고 서로에게 적응해 자녀에게 통일된 모습을 보여주어야 한다.
- 부모가 연합할 때 형제하위체계는 동료체계가 된다.
- 경계선이 분리된 가족을 대상으로 한 치료목표는 상호작용의 빈도를 증가시키고 경직된 경계선이 아닌 분명한 경계선을 갖도록 하는 것이다.
- 경계선이 밀착된 가족을 대상으로 한 치료목표는 개인과 하위체계의 분화를 조정하는 것이다.
- 부부하위체계는 부모하위체계와는 분리된 하나의 실체로서 존재해야 한다.

구조적 가족치료에 참여하는 상담자는 상담자가 가족에 합류해 위치를 찾고 가족의 기본 구조를 확인하며, 가족의 구조를 변화시키는 단계를 거치면서 단순해 보이지만 무한히 다양하고 복잡한 가족에 대한 치료적 개입을 이어간다. 그럼에도 상담자는 가족의 상호작용에 직접 개입해서는 안 되며, 내담자의 체계에 너무 친밀해지지 않는 중간거리를 유지해야 한다. 이처럼 상담자의 합류는 가족의 치료적 관계와 재구조화에 중요한 역할을 하는 만큼 다음의 준비가 필요하다.

- 가족의 조직과 유형을 받아들인다.
- 가족의 상호교류 양식과 그 장점을 경험한다.
- 배척당하거나 속죄양이 된 가족성원의 고통을 느낄 수 있어야 한다.
- 가족성원들이 가장 중요시하는 문제를 알아야 한다.
- 문제파악을 위해서 가족성원들과 함께 탐색과정에 참여한다.
- 의사소통의 방법을 알고 따라야 한다.

## 2) 개입기법

### (1) 합류

합류(joining)는 치료적 개입을 위한 상담자와 가족 사이 결합의 과정을 의미하는 것으로 가정의 감정적 유형에 적응하는 것을 시작으로 솔직한 감정이입과 가족구성원과의 협력적 관계를 형성하는 것이다(Goldenberg et al., 2017). 재구조화를 위해 선행되어야 할 중요과제인 합류는 가족치료에 있어 연속적이고 상황적인 과정에 해당한다(Gladding, 2018). 합류 과정은 밀어붙이지 않으면서 위협적이지 않아야 하며, 친근하게 도와줄 준비를 마치고 가족에 적응하고 가족의 언어패턴, 상호작용유형 그리고 공통적 용어와 가족패턴, 구조를 알아차리는 것이다.

#### ① 추적

추적(tracking)은 상담자가 가족구성원의 기존 교류의 흐름을 뒤따르는 것으로 기존 가족체계에 순응하는 것을 의미한다. 즉, 가족이 말한 내용을 이어가며 말하는 것으로 절대 가족의 말에 판단을 내리지 않아야 한다. 그리고 가족구성원의 관심을 알아보기 위해 개방형 질문들을 사용해 필요한 정보를 수집한다. 이어 추적을 통해 확인된 가족생활의 상징(주제, 가치, 중요사건 등)을 의도적으로 가족과의 대화에 사용하며, 상담자가 가족이 말하는 것에 집중하고 귀중하게 여김을 드러내는 것만으로도 가족구성원의 의사소통 패턴에까지 영향을 주게 된다.

② 모방

모방(mimesis)은 상담자가 각 구성원과의 연합을 확실히 하기 위해 의사소통 방법, 스타일, 감정 정도, 내용을 모방하며 가족에 합류하는 기술이다. 즉, 개인의 경험을 공유하거나 내담자의 행동을 따라 하며 가족의 언어적, 비언어적 행동을 사용하며 합류함으로써 가족과의 연대감을 높이고 가족체계 참여에 신뢰를 얻을 수 있다.

③ 확인

확인(confirmation)은 가족구성원이 표현하였거나 표현되지 않은 감정을 반영하기 위해 사용되는 것으로 개인의 행동에 대한 비판단적인 묘사로 이루어진다. 즉, 내담자가 알아차리지 못하는 감정의 의미를 이해하고 이를 질문 등을 통해 확인하는 것이다.

④ 적응

적응(accommodation)은 기존 가족구조를 지지함과 동시에 상담자가 가족에 합류하기 위해 가족의 교류에 맞추는 것으로 연합을 성취하기 위해 개인적인 적응을 이어가는 것이다. 그 예로 겉옷을 입지 않은 가족이 방문했을 때 상담자는 그 교류에 맞추기 위해 코트를 벗어 유사하게 할 수 있다.

### (2) 불균형 기법

체계의 변화를 목적으로 하는 개입방법이다.

① 진단

가족의 진단은 가족구성원의 상호관계를 설명하는 방식으로 이루어지며, 합류와 개입과 함께 공존하는 기법이다. 진단은 첫 상담에서 발생하는 상호작용의 관찰을 토대로 이루어지며 이후의 상담을 통해 진단이 수정된다. 이는 가족구성원 모두에게 적절한 방식으로 가족변화를 목표로 하기 때문이다.

② 재구성

어떤 상황을 다른 맥락으로 설명하며 생각을 바꾸는 기법으로 사실을 변화시키지 않으면서도 상황과 의미를 새로운 관점으로 볼 수 있게 하는 것이다. 이는 내담자의 부정적인 관점을 긍정적인 관점으로 변화시킬 수 있다.

③ 균형 깨기

상담자가 다른 가족에 반대하는 사람 또는 하위체계를 지지함으로써 균형을 무너뜨리는 것이다. 균형 깨기는 하위체계 내 가족구성원 간의 관계를 변화시키는 것으로, 옳고 그름의 심판적 행동이 아니라 막다른 상황에 몰려 고착된 체계의 균형을 깨면서 체계를 재조정하는 것을 목적으로 한다. 이처럼 상담자는 번갈아 가며 가족구성원의 입장에 서면서 균형과 공평함을 지키게 된다(Nichole, 2014).

④ 실연하기

실연하기는 상담자가 내담자와 가족구성원에게 직접 상호작용을 요청하였을 때 나타난다. 상담자는 실연을 통해 가족이 어떻게 상호작용하는지를 명확하게 파악할 수 있으며, 이 과정에서 의사소통 방향을 재정립할 수 있다. 이를 통해 가족구성원은 문제해결을 위해 시도했던 상호작용 패턴과 규칙을 알아차리고 그 패턴과 규칙에 대한 논의를 통해 훨씬 향상된 인식으로 새로운 상호작용을 경험하게 된다.

⑤ 체계적 재구조화

모든 행동이 상호 간 선행요인이 있다고 보고 재구조화를 통해 추적자 또는 도망자와 같은 상보적 관계를 확인한다. 이어 문제역동에 각 가족구성원이 어떻게 기여하고 있는지를 설명하며 한 명에게 집중된 공격이 가족구성에게 분산되도록 한다. 체계적 구조화는 문제에 대한 각 구성원의 진술을 토대로 이를 좀 더 넓고 체계적 역동으로 드러나게 재구성한다. 이는 가족의 구조적 변화를 목적으로 하는 것으로 기존의 위계와 상호작용 패턴을 변경함으로써 가족이 더 잘 기능하도록 돕는다. 실연, 탈균형, 지시와 경계형성 등에 의해 이루어진다.

⑥ 경계 만들기

가족의 경직된 경계와 모호한 경계를 분명히 하기 위한 실연의 한 형태로, 적극적인 경계 설정으로 가족의 습관적 상호패턴을 중단시키며 덜 지배적인 사람의 표현이 이어지게 하는 등의 가족구성원이 아직 활용하지 못한 기술과 기능을 경험하도록 한다.

⑦ 긴장과 위기상황 유도

가족구성원 사이에 잠재된 갈등을 표현하도록 하는 기법으로 상담자가 가족의 위계와 경계선의 구조적 변화를 야기하기 위해 감정을 사용하게 된다(Nichole, 2014). 상담자가 구체적인 전달내용을 정하고 목적지향성을 두고 직접 말하는 것이 항상성을 유지하려는 가족의 패턴을 무너트리며 큰 효과를 가져온다(Gladding, 2018). 이처럼 긴장과 관련하여 위기상황 유도로 갈등과 문제를 회피하려는 가족에게 사용되는 기법이다.

⑧ 칭찬, 지지

상담자가 가족구성원에게 긍정적인 행동을 강조하여 더 잘 기능할 수 있도록 하는 방법으로, 가족들의 목표와 방향이 같은 행동을 강화할 수 있으며, 지지는 역량을 높임으로써 목표에 이르게 하는 힘이 된다(Gehart, 2016). 특히 지지를 통한 역량형성은 상담자가 반드시 해야 하는 역할이다.

### 3) 치료과정

구조적 가족치료에서 상담자는 가족에 합류해 가족의 일상적 생활에 적응해야 하고 재구조화를 이루어야 한다. 이어 가족의 실연을 통해 긍정적 상호작용이 일어나게 하며 가족구조를 수정하게 된다. 그 기본 과정은 다음과 같다.

첫째, 가족구조의 개념을 배우고 신뢰한다.

둘째, 구조를 의미하는 과정의 특징인 상호작용의 패턴을 관찰한다.

셋째, 현재의 가족구성원과 환경을 중심으로 가족의 이상적인 구조에 대한 생각을 명확히 갖는다.

넷째, 상담자는 지도자의 역할을 하며 치료목표를 달성하기 위해 가족에 합류하고 가족을 수용하며 존중한다.

다섯째, 상담자는 일어나기를 원하는 행동이 치료과정에서 일어날 수 있도록 가족을 존중하지만 확고한 방법으로 가족에 개입한다.

여섯째, 가족을 지원하고 가족구성원이 치료과정에 새로운 방법을 시도할 수 있도록 하며 그들이 성공할 때 칭찬한다.

가족치료가 성공적으로 마무리되면 가족구조는 변화되고 재조직된다. 가족구조의 변화는 가족구성원이 더 기능적이고 생산적인 방식으로 관계를 형성할 수 있도록 한다. 이런 과정에서 효과 없는 규칙은 가족의 최근 상황과 더 관련된 규칙으로 바뀌며, 부모는 자녀를 관리하며 다른 하위체계와 분화가 이루어진다.

CHAPTER 10

# 전략적 가족치료

## 1. 이론적 배경

전략적 가족치료는 가족치료 운동과 함께 시작되었으며, 현재의 문제에 상담자가 직접적이고 능동적으로 상호작용을 수정하는 것이 특징이다. 이 모델은 증상의 배경과 영향에도 관심을 두며 가족의 역동성을 능숙하게 이해하고 역설적 개입과 증상처방의 강력한 기법으로 행동의 이해보다는 변화에 더 집중한다. 즉, 이론보다 기법 중심으로 문제해결을 위한 다양한 전략을 구사하는 모델이라 할 수 있다.

전략적 가족치료는 가족의 문제를 치료하기 위한 전략을 마련하는 것에 중점을 두고 있으며 대표적으로 전략적 가족치료를 지도한 MRI모델, 헤일리(Haley)의 전략적 모델, 밀란(Millan)의 모델로 구분된다.

문제해결치료, 단기치료, 체계적 치료라고도 불리는 전략적 가족치료에서 MRI 접근은 일반체계, 의사소통, 사이버네틱 이론과 단기치료적 접근의 방법으로 독특한 행동 처방을 하게 된다. 창의적이고 수수께끼 같은 현재 문제를 해결하는 전략으로 연속적인 상호작용에 변화를 꾀하는 행동적 처방이 이루어진다. 헤일리(Haley)의 모델에서는 인간관계를 관계 규정을 위한 다툼으로 보며, 상담자와 내담자 또한 세력다툼이 존재하기 때문에 관계를 활용해 저항을 막거나 이용하여 완벽한 주도권을 잡는 것이 치료의 중요 조건이라고 보았다(Becvar & Becvar, 2013).

## 2. 주요 개념

### 1) 증 상

헤일리는 사람들이 의사소통을 통해 관계를 통제하려 한다고 보고 이는 어쩔 수 없는 것으로 병리적이라 보지 않았으며, 오히려 통제권을 잡으려는 행위를 인정하지 않는 것을 증상으로 보았다. 그만큼 증상을 통제의 수단으로 다루고 있으며, 증상은 사람이 어쩔 수 없는 행동, 상태라면서 동시에 통제를 부정하는 것이라 하였다(Haley, 1987, 박태영, 2022 재인용).

증상은 비자발적이고 비적응적이지만 현재의 사회적 상황에 적응하는 전략으로 볼 수 있다. 그리고 이것은 자신이 의도하지 않았다는 점에서 단순히 통제의 의도가 없었다고 본다. 그만큼 간접적으로 다른 사람을 통제하고 증상형성을 근거로 하는 모호한 의사소통 방식이 가족의 기능으로 나타날 수 있다. 그 예로 전환장애를 가진 부인의 경우 통제가 심한 남편으로 인하여 나타난 전환장애 증상에 남편이 쩔쩔매게 하며, 남편과의 관계에 상당한 권력과 통제권을 가지게 된다. 이처럼 증상은 가족구성원이 가족발달의 특별한 단계에서 다음 성장을 위해 벗어날 수 없는 상태일 때 나타나게 된다.

### 2) 은 유

전략적 가족치료에서 은유가 담긴 메시지를 파악하는 것이 중요하다. 그 예로 '머리가 아프다'는 표현은 두통이라는 임상적 증상을 의미하는 것과 가족구성원과의 상호작용에 따른 답답함, 우울을 의미한다. 더구나 감정적인 표현을 더하는 의미에서 '화가 치민다' 등은 은유적 표현임에도 불구하고 가족관계에서 나타내는 통제의 증상을 은유적으로 드러내는 것이다. 특히 은유는 자신의 문제를 드러내거나 표시하는 것이 불편하거나 공론화를 원치 않을 때 주로 사용된다.

### 3) 권력다툼

가족구성원 간의 권력다툼은 힘의 논리에 따라 누가 다른 사람을 지배하느냐가 아닌 누가 다른 사람을 조정하느냐의 문제에 해당한다. 이렇게 가족 내 누가 영향력을 가지느냐는 가족과 문화에 따라 부모 또는 다른 가족구성원일 수도 있다. 그럼에도 일반적으로 부모가 가장 큰 영향력을 가지며, 한쪽 부모가 더 많은 영향력을 가지기도 한다. 이때 상담자는 영향력이 상대적으로 적은 부모와 먼저 상담을 시작하며, 누가 권력을 가지는지가 아닌 각자의 요구가 어떻게 반응되고 있는지, 누가 갈등의 상황에 자신의 주장대로 하려는지의 상호작용을 관찰하게 된다.

대표적인 예가 아버지가 자녀에게 요구하는 행동에 자녀가 따르는 것은 가족 내 위계질서를 인정함에 의한 것으로 이를 따르지 않을 경우 힘의 갈등이 나타나게 된다. 그럼에도 실제 권력이 어머니에게 있을 수도 있는 만큼 위계질서는 한 번의 상호작용이 아닌 반복적인 상호작용을 통해 판단되어야 한다. 그만큼 상담자는 개입방법을 찾기 위해 매우 복잡한 위계질서와 권력다툼을 마주하게 됨을 의미한다.

특히 부모-자녀 간 위계관계에서 효율적인 위계는 대부분 부모의 요구에 자녀가 거의 화를 내지 않고 따르는 것이며, 비효율적인 위계는 자녀가 요구에 비협력적인 경우이다(Gehart, 2016).

그리고 상담자와 가족구성원 간 나타나는 권력다툼은 변화에 불안을 가진 가족 중 한 사람의 증상 행동으로 기존 가족이 가진 항상성을 유지하기 위해 상담자를 조정하거나 속이고 통제하게 된다. 이것은 상담자를 괴롭히려는 목적이 아닌 가족이 가진 유일한 해결책이라 생각하기 때문에 보이는 행동으로, 상담자는 전략적으로 권위적 모습을 가질 필요가 있다.

### 4) 이중구속

이중구속은 부모가 자녀에게 동시에 모순되는 메시지를 보내는 것으로 가족치료에서 중요시하는 개념이다. 그 예로 부모는 어린 자녀에게 어른스러운 행동을 요구하면서도 실수에서는 '어린 아이냐'고 꾸짖고 자녀는 자신이 어린아이가 아니라고 반응하게 된다. 어떻게 보면 부모가 자녀를 귀엽게 보는 대화로 이해될 수 있지만, 의사소통의 의미에는 어른스러움의 요청에도 아이로 취급하는 이중구속이 함께 담겨있다.

### 5) 의사소통 관계

모든 관계는 의사소통을 통해 이루어지며 이를 파악하기 위해서는 순환적인 의사소통 유형을 파악하여야 한다. 그리고 무엇을 관찰하는가가 아닌 어떻게 말하는가를 중요하게 다루는 만큼 그 수준을 전달하는 메시지의 내용, 억양과 음색 또는 동작이 포함된 질적 의미와 같이 구성요소별로 구분할 수 있다. 이런 가족 내 의사소통 수준이 불일치하는 역설적 메시지의 상호작용은 위계질서의 혼란을 가져오고 이는 갈등을 양성하게 된다. 그 대표적인 관계유형은 다음과 같다.

#### (1) 대칭적 관계

대칭적 관계는 권력과 지위가 비슷한 상대를 비판하고 충고하는 같은 유형의 행동을 교환하는 관계를 말한다. 대표적인 예가 동료관계일 수 있으며, 권력과 지위가 비슷하여 경쟁관계의 가능성도 있다.

#### (2) 보완적 관계

보완적 관계는 우월한 지위의 한 사람이 지배하고 충고하며 지시하는 것에 반해 다른 사람은 상대방의 요구와 지시에 수용하는 종속적 지위의 순종관계를 말한다. 대표적인 예가 명령하는 남편과 순종하는 부인 또는 가르치는 교사와 배우는 학생이다.

#### (3) 초보완적 관계

초보완적 관계는 실제적 통제를 권력이나 지위가 낮은 사람이 가진 관계로 지위가 낮은 사람이 지배적 위치에서 통제하며 관계에서 주도권을 잡는 경우에 해당한다. 대표적인 예가 전환장애를 가진 부인이 통제권을 가지거나 부모가 자녀의 행동을 통제하지 못하는 구조가 해당된다.

## 3. 치료적 개입

### 1) 치료목표

전략적 가족치료에서는 문제의 근원, 이면의 의미가 아닌 현재의 문제 또는 증상의 감소가 주요한 치료목표이다. 따라서 사람들의 주관적 경험의 변화를 이끄는 것이 목표이며, 개인이나 가족의 장기적인 목적은 포함하지 않는다(Gehart, 2016).

이처럼 사람들에게 다른 행동이 이루어지게 하고 그에 대한 주관적인 경험을 마련하는 것이 주 목적이 된다.

구체적인 목적은 다음과 같이 정리할 수 있다(Madanes, 1991).

- 부부나 가족의 위계를 강화 또는 축소하기
- 부모의 변화를 통해 강요를 줄이고 관심을 증가시키기
- 가족구성원의 재결합
- 누가 어떻게 도움이 될 것인가에 대한 변화
- 불공정한 것에 사과하고 용서하기
- 위로와 화합에 대한 표현 증가

## 2) 상담자의 역할

전략적 가족치료에서 상담자의 역할은 가족문제를 해결하는 데 필요한 전략을 세우는 것으로, 구체적인 문제 또는 증상 해결에 초점을 둔다. 이를 위해 가장 먼저 해결의 가능성이 있는 부분에 제시된 문제를 정의해야 한다(Madaness, 1991). 이는 가족이 의도하지 않게 권력다툼에 따라 통제된 것으로 보며, 가족구성원이 경쟁적인 자세에서 협력적인 자세로 변화되도록 돕는 것을 말한다.

상담자는 가족문제를 가족이 변화를 마련하는 방법을 사용하기 위해 상담회기마다 과제를 부여한다. 그리고 가족 간 갈등 관계의 대상 또는 구성원 전체와 기존 가족체계의 항상성을 깨트리고 세대 간 경계를 명확히 하며 가족구성원을 지지하는 개입을 실행한다. 필요에 따라서는 상담자가 문제 극복을 위해 가족 중 한 명 또는 그 이상과 동맹을 맺을 수 있으나 가족 간 분쟁으로 이어지기 전에 빠르게 벗어나야 한다. 이와 함께 가족의 변화에 대

한 책임감을 가지고 문제를 해결하는 것이 상담자의 주요 역할에 해당한다 (Haley, 1963, 박태영, 2022 재인용).

## 3) 개입기법

전략적 가족치료에서 가족변화는 가족구성원이 생각하는 행동방식의 변화가 인지와 감정보다 선행되어야 한다고 본다. 행동으로 표현되는 모습이 가족 간 반복적인 갈등의 요소가 되는 만큼 그 행동방식을 다르게 보게끔 한다면, 이는 더 이상 문제가 되지 않는다.

이처럼 전략적 가족치료의 개입은 내담자의 특이성과 문제에 집중하며, 맞춤화 전략이 가족치료에 가장 많이 사용되는 접근 방법이다.

### (1) 지시적 기법

지시는 상담자가 가족구성원에게 다른 행동을 하도록 제시하는 행동적 과제이면서 처방이기도 하다. 또한 전략적 가족치료의 기본적 도구에 해당한다. 그 이유는 첫째, 지시를 통해 가족구성원이 다르게 행동하며 다른 주관적 경험을 할 수 있으며, 둘째, 상담과정에서 가족의 행동 안에 상담자가 위치하며 치료적 관계를 마련하고, 셋째, 지시에 따라 가족구성원이 어떻게 반응하는지에 대한 정보를 구할 수 있기 때문이다.

#### ① 직접지시

직접지시는 단순한 충고가 아닌 새로운 행동을 안내하고 가족 내 상호작용 방식을 변화시키는 데 목적이 있다. 그 이유는 가족에게 좋은 충고는 이미 누군가에게도 들었던 것이고 일반적으로 문제를 가진 경우 스스로의 행동에 이성적 통제력이 제한되기 때문에 충고만으로 도움이 되지 못하기 때문이다(Haley, 1987).

따라서 다수의 전략적 지시에서는 가족의 규칙을 깬 자녀는 다른 부모가 교육하게 하거나 부부싸움에서는 적정시간 쉬고 말하게 하는 등의 작은 행동 또는 맥락에서의 변화에 대한 요청으로 상호작용 패턴을 재정비한다. 그리고 상담자는 가족들이 그들의 행동변화를 위해서라도 지시를 따를 것을 기대하는 만큼 가족구성원에게 특별한 행동을 직접 하도록 지시하게 된다.

이런 지시의 성공은 상담자의 지위, 행동 강도, 지시의 반복 정도 그리고 특별한 과제 달성에 상담자와 협력하려는 가족의 의지에 따라 달라진다(Goldenberg et al., 2017).

직접지시는 다음의 단계에 따른다(Haley, 1987).

- **상황평가** : 가족에게 제시된 문제를 구성하는 상호작용의 행동장면을 파악하여야 한다(예 소비중독의 딸을 혼내는 어머니, 딸에 대한 안쓰러움에 자신을 말리는 남편이 더 밉다).
- **변화목표는 작은 상호작용 장면** : 작은 행동의 변화는 가족의 문제 장면 중 합리적인 수정이 가능한 장면에서 발견하도록 한다(예 소비중독 딸의 신용카드 관리를 아버지가 하고 딸도 동의하도록 한다).
- **가족구성원 동원** : 특별히 주어진 과제에 가족 동기화의 중요성을 강조하고 가족구성원과 과제를 공유하며 가족이 기대하는 문제행동의 감소를 직접 표현한다(예 딸의 소비중독에 대한 모녀의 갈등완화에 동의하게 한다).
- **정확하고 행동 가능한 지시 제공** : 상담자는 과제를 언제, 어디서, 누가, 어떻게 수행할지 구체적으로 지시한다(예 아버지가 딸의 신용카드 관리 그리고 규칙과 다른 가족의 역할, 협력적 관계를 지시한다).
- **과제검토** : 가족구성원 스스로의 역할을 검토한다(예 구성원 각자의 역할에 대해 이해하고 그에 대하여 직접 말로 표현한다).

- **과제보고** : 상담자는 이후 가족구성원이 과제를 했을 경우 칭찬을 하지만 일부만 수행했을 경우에는 상담자의 권위를 간과한다는 입장에서 쉽게 용서하지 않는다. 이어 과제를 하지 않은 경우에는 상황에 따라서 상담자가 '가족이 상황을 충분히 이해하지 못했기 때문으로, 그렇지 않았다면 할 수 있었다'고 하는 친절한 반응과, '과제의 미수행은 가족의 변화 기회를 놓친 것으로 실패이자 손실이다'라는 친절하지 않은 반응으로 응할 수 있다. 그리고 상담자는 동일 과제는 다시 제시하지 않으며, 이 경험을 다음 과제의 동기로 활용한다(Haley, 1987).

② **간접지시**(역설)

간접지시로 불리는 역설적 개입은 상담자의 지시를 거부하는 가족의 저항을 통해 변화를 이끄는 기법이다. 즉, 상담자가 과제를 지시하면서 가족에게는 변화하지 말 것을 요구하지만 과제를 통해 가족 내 변화를 유도하게 된다. 그만큼 논쟁의 소지를 가지지만 영향력 있는 기법에 속한다. 따라서 역설적 개입은 다른 치료적 변화가 현재 가족 수준을 방해하는 데 제한적이거나 내담자 스스로 문제를 조정할 수 없다고 여겨질 때 효과를 나타낸다. 역설적 개입 접근단계는 첫째, 치료관계 형성, 둘째, 문제의 명확한 규정, 셋째, 치료목표의 분명한 설정, 넷째, 치료계획과 개입의 근거 제시, 다섯째, 문제와 권위 박탈, 여섯째, 역설적 과업과 지시, 일곱째, 지시의 반응관찰과 추적 그리고 증상행동 격려로 이어진다(Andolfi, 2012).

- **재정의** : 증상에 대한 가족의 인식을 변화시키는 것으로, 증상을 유지하는 행동으로 가족의 안정성을 유지하는 태도와 의도도 재정의한다.
- **처방** : 증상을 없애기 위한 역설적 개입으로 증상을 지속하게 하거나 과장하게 하는 개입전략이다. 처방은 가족의 문제적 행동체계를 정

확히 파악하여 이루어져야 하며, 이럴 경우 가족구성원은 역기능적 행동체계를 인식하게 되어 증상유지의 지시에도 증상행동을 포기하고 다른 행동유형을 찾는다(Haley, 1987).

- **제지** : 상담의 효과를 높이기 위해 재발에 대한 경고 또는 빠른 변화를 지적하며 변화의 속도를 통제하는 것이다. 특히 빠른 변화는 체계의 항상적 조화와 문제가 나타날 가능성을 높이는 만큼 단계적 진행이 적절하다.
- **시련** : 시련기법은 내담자가 증상이 나타날 때마다 힘들고 불쾌한 일을 하도록 지시하는 것으로 내담자가 증상을 유지하면서 가지는 이득보다 문제가 되는 증상을 포기하도록 돕는 것이다(예 결벽증의 내담자에게 밤새 마룻바닥을 청소하게 지시, 벌레 공포의 내담자에게 벌레 수를 점차 늘려서 보도록 지시 등). 시련기법은 현재 문제의 논리와는 상관없이 상담자의 지시를 따른다는 약속과 고통 속에서도 변화에 대한 분명한 의도가 있어야 가능하다(Goldenberg et al., 2017).
- **위장기법** : 긴장상황을 조성하고 반항을 이끌어 내는 것으로 저항을 우회시키는 기법이다. 상담자가 역설적 개입을 위해 계속적인 저항을 자극하여 직면상황을 불편하게 여기도록 하는 것이다(예 남편의 우울증이 부인의 사회적 역할의 증가에 따른 위축인 경우, 남편에게 매일 새벽 기상하여 30분간 걱정을 표현하라고 지시, 그렇지 않으면 걱정이 더 많아질 것이라 전하였으나 남편 스스로 불편함을 인지하고 멈춤).
- **입장 밝히기** : 가족구성원이 말하는 것을 수용하고 과장하는 것을 포함한 것으로 상담자의 입장을 표현함으로써 행위의 불합리성을 알게 하고 가족구성원이 자유롭게 다른 것을 하게 한다(예 아버지와의 관계가 힘들다는 가족의 표현에 상담자는 그건 절망적이다 라고 응답한다).

## 4) 치료과정

전략적 가족치료는 과정을 강조하며, 변화를 위하여 갈등소지가 되는 상호작용의 악순환을 깨트리고 상호가 동의하는 행동을 하는 대안적인 행동방식으로 바꾸는 것에 중점을 둔다.

가족이 제시하는 문제를 해결하는 것으로 매주 1회 간격으로 상담자가 상호작용의 과정에 연합, 분리하는 과정을 거치며 직접적 변화를 이끄는 역할을 하기 때문에 행동주의적이다. 그 과정은 크게 다음의 3단계로 나누어진다(Haley, 1987).

### (1) 문제규정

문제규정 단계는 가족문제를 파악하기 위하여 가족의 조직적 문제와 외부와의 관계에서 상호작용 연쇄과정을 토대로 가족의 위계를 확인한다. 그리고 문제를 직접 관찰 가능하고 해결 가능한 구체적인 가족 위계의 문제로 제시한다.

그리고 초기상담을 통해 해결 가능한 문제와 문제가 발생한 사회적 상황을 확인하게 되는 상담 전 과정에 많은 시간을 투자하고 관심을 집중하는 매우 중요한 단계에 해당한다(Goldenberg et al., 2017).

초기상담에서는 사회적 단계에서 가족구성원이 어떻게 행동하고 상호작용하는지 관찰하며, 문제단계에서 문제에 대한 가족구성원의 의견을 묻고 확인한다. 이는 상호작용단계에서는 문제에 대해 가족구성원이 서로 의견을 나누도록 하여 가족의 상호작용을 관찰한다. 목표설정단계에서는 상호작용단계에서 명확해진 가족의 주요 문제에 대하여 구체적이고 행동적인 질문을 통해 분명한 목표를 설정하며, 과제주지단계를 통해 가족 간 상호작용의 연쇄과정을 변화시키는 과정을 시작하게 된다.

### (2) 치료전략과 개입

가족협상을 통해 해결하고자 하는 문제를 결정하였다면, 문제 제거를 위한 가족의 역기능적인 연쇄과정 또는 잘못된 위계를 변화시킬 행동계획을 수립하게 된다(Goldenberg et al., 2017). 개입전략은 직접지시와 역설적 개입으로 구성한다.

### (3) 분리단계

치료적 개입으로 가족문제와 역기능적 상호작용의 연쇄과정에 변화가 나타나면 가족이 변화를 유지할 수 있는 능력이 있는 것으로 보고 상담자는 가족체계로부터 분리하게 된다.

CHAPTER 11

# 해결중심 가족치료

## 1. 이론적 배경

해결중심 가족치료는 과거보다는 현재와 미래를 중요시하고 내담자의 강점과 자원을 발견하여 작은 변화를 이끄는 전략을 사용한다. 전략적 가족치료 중 특히 MRI 모델의 영향을 받은 치료방법이지만 문제에 초점을 두는 것이 아닌 해결책을 찾는 데 초점을 두며, 내담자의 역량을 강화하고 문제를 극복하는 자원과 강점을 발견하게 하여 이를 확대해 나간다. 해결중심적인 이야기로 기대되는 변화가 성취되는 과정에 내담자를 참여시키고 이를 실제로 성취할 수 있도록 대화를 이끄는 것이다. 이는 모든 내담자가 스스로 해결할 수 있는 자원과 능력을 가지고 있다는 가정을 바탕으로 한다.

해결중심 가족치료는 왜 가족에게 문제가 발생했는지에 관심을 두지 않으며, 치료에 있어 내담자에게 문제 상황을 설명하게 하면서 치료적 대화에 합류시킨다. 이어 가족구성원이 자신의 상황을 설명하는 데 사용하는 언어와 가족이 원하는 갈등 해결에 관심을 두고 이 목표를 달성하기 위해 함께 해결책을 구상한다. 즉, 상담자는 내담자가 함께 구성하기 원하는 해결책을 논의하고 '해결중심 대화'에 초점을 둔다.

이처럼 해결중심 가족치료에서는 내담자들이 상담자와 함께 대화하는 현실을 믿고 합의에 의한 적절한 인식과 일치하는 해결책을 구성할 수 있는 해결적인 대화를 수단으로 가족을 돕는다(Goldenberg, Stanton & Goldenberg, 2017). 가족구성원은 자신의 삶에 대한 이야기를 통해 실행 가능한 해결책을 제시하는데, 사실은 가족이 자신을 임파워링하는 내용을 담게 된다. 이런 과정이 성공적일 경우 내담자는 현재의 문제를 해결하고 통제하는 능력을 인지하는 변화를 성취하게 된다.

해결중심 가족치료는 문제에 대한 이야기는 최소화하고 내담자가 해결책을 찾아가게 하는 것에 초점을 두며 내담자의 경험과 가치에 따라 스스로 해결책을 모색할 수 있도록 돕는다. 그리고 내담자가 원하는 목표를 선정한 이후 그 목표 성취를 위해 단계적으로 도와 나간다(Becvar & Becvar, 2013). 일반적으로 이 같은 상담은 총 5회기에서 10회기를 한정으로 하며, 상담자는 내담자가 실행 가능한 목표를 성취하고 변화의 기대감을 인지하도록 한다.

한국에서는 해결중심 단기치료가 1987년 소개되었으며, 관련 교수와 정신과 의사가 '가족치료연구모임'을 결성하여 1991년부터 실행해 왔다. 이를 계기로 '한국단기가족치료연구소'가 개설되었다.

## 2. 주요 개념

### 1) 기본 원리

이 모델은 인간에 대한 긍정적인 시각으로 내담자의 문제와 결함이 아닌 무엇이 잘되었고 그것을 어떻게 활용하는가 하는 내담자의 강점과 자원을 찾는 데 중점을 둔다. 이는 문제의 초점이 아닌 내담자의 건강한 특성을 잘 활용하여 내담자가 성취하고자 하는 구체적인 해결책을 찾도록 도와주어 이를 성취하는 행동을 증가시키는 것이다. 그에 따른 중심철학은 다음과 같다(de Shazer, 1985).

① 효과가 있으면 수정하지 말라. 내담자에 이미 좋은 영향을 미치는 행동은 방해하지 말고 어떤 다른 행동도 제안해서는 안 된다.

② 효과가 없으면 다른 방법을 시도하라. 시도하고자 하는 방법이 아무리 비논리적이고 이상하다 하더라도 해본다.

③ 단순하게 하라. 사람은 자신의 행동에 대한 책임을 져야 한다는 관점에서 내담자에게 제안한 과제는 내담자가 이미 경험하고 있고 실행하기에도 매우 단순해야 한다.

④ 각 치료면담을 내담자와의 마지막이자 유일한 시간이라 생각하고 접근한다.

⑤ 실패란 없다. 오로지 피드백만 있을 뿐이다. 상담자의 질문이 아무런 소용이 없는 것 같다 할지라도 이것이 상담자의 실패를 의미하지 않는다. 내담자의 반응은 오직 피드백일 뿐이며 단순히 무언가 다른 시도를 필요로 하는 것이다.

해결중심 가족치료는 이런 중심철학을 바탕으로 한 임상경험으로 여러 치료방법을 통해 보다 빠른 기간에 효과적인 해결책을 찾는 것에 집중하게 된다. 이를 위한 기본 원리를 다음과 같이 정리할 수 있다(Berg & Miller, 1993).

① 문제에 대한 해결책은 내담자의 독특한 상황에서 어떻게 지금과는 다른 관계를 맺어 나가느냐에 달려 있다.

② 변화는 항상 일어나며 불가피한 것으로 상담자는 그 변화를 해결방법으로 활용한다. 해결중심 모델에서는 전 가족이 참석하지 못해도 한 개인의 변화를 통해 전체 체계를 변화시킬 수 있다고 본다.

③ 병리적인 것이 아닌 건강한 것에 초점을 둔다. 내담자가 자신들의 문제

를 다룸에 성공했던 경험에 일차적 초점을 두고 성공하게 된 구체적인 방법을 발견하는 데 관심을 둔다.

④ 내담자의 강점, 자원, 건강한 특성을 최대한 활용하여 제시된 문제의 해결책을 찾는다. 내담자가 가진 자원, 기술, 지식, 믿음, 동기, 행동, 증상, 사회관계망, 환경, 개인적 특성들을 활용한다. 이 원리의 중요점은 상담자가 내담자의 준거틀을 수용하고 준거틀 내에서 그 긍정적 자원을 활용해야 한다는 것이다.

⑤ 해결중심 접근법은 탈이론적이고 비규범적이며 내담자가 결정한 입장을 존중하며 내담자가 결정한 것을 따른다. 내담자 자신의 관점에 주목하며 개인이 지닌 독특한 불평에 대한 개별적 해결책을 발견하고자 한다.

⑥ 한 영역에서 생기는 작은 변화는 다른 많은 영역에 심각한 변화를 가져온다. 치료의 효과는 도미노처럼 단순한 작업으로부터 큰 효과가 일어난다.

⑦ 문제가 되지 않는 시기를 탐색하는 데 주의를 기울이며, 문제일 때와 문제가 아닐 때의 차이를 발견하여 문제가 아닐 때를 증가시키는 것을 치료의 전략으로 한다.

⑧ 과거보다는 내담자가 현재와 미래에 적응하는 것을 돕는 데 목적이 있다.

⑨ 목표성취를 위해 상담자와 내담자는 함께 해결방안을 발견하고 구축하는 데 협력하는 것이 중요하다.

### 2) 내담자의 강점평가

해결중심 가족치료에서 내남자의 강점을 파악하는 것은 중요한 요소이다.

내담자의 강점은 개인적, 관계적, 재정적, 사회적 등 여러 종류가 있을 수 있으며, 가족의 지지, 긍정적 관계 등도 포함될 수 있다. 따라서 상담자는 더 구체적이고 세밀한 질문을 통해 내담자의 강점을 파악할 수 있어야 한다. 해결중심 가족치료의 대표적인 강점파악 방법은 먼저, 내담자의 강점, 취미와 삶의 긍정적인 부분에 직접적인 질문을 할 수 있으며, 이어, 문제상황에서 예외나 발견되지 않은 강점을 찾기 위해 경청하는 방법이 있다(De Jong & Berg, 2012). 이를 바탕으로 해결중심 가족치료는 정신건강의 틀에서 내담자의 강점을 이용하는 의미 있는 임상결과를 나타낼 수 있었다.

내담자의 강점평가에는 개인의 강점과 대인관계의 강점뿐만 아니라 두 사람이 각자의 가족들과 맺는 유대감 또는 확대가족 그리고 종교적 영역까지도 포함된다. 이는 모든 사람이 자기만의 강점과 자원을 가지고 있으며, 그 강점들을 명료화하고 내담자의 목표달성을 돕는 것이 상담자의 역할임을 뜻한다.

### 3) 내담자 관계유형

해결중심 가족치료의 관계유형은 고객형, 불평형, 방문형으로 구분하고 특별한 관계형성에 집중한다. 이는 단순한 내담자의 개인적 특성이 아닌 상담자와 내담자의 관계유형을 의미하는 것으로, 역동적이고 유동적이어서 면접과정을 통해 언제든지 바뀔 수 있다. 하지만 상담자는 내담자와의 관계형성을 이해하고 접근하는 것이 치료 효과에 영향을 미치는 만큼 여러 상황에 반응하는 조심스러운 접근이 요구된다.

#### (1) 고객형

고객형 내담자는 문제 해결을 위한 시도 동기를 가진 사람으로 내담자는 문제를 인식하고, 문제해결을 위한 도움 요청 그리고 변화를 위한 준비됨을 언어적, 비언어적으로 표현한다. 그만큼 상담자와 긍정적이고 협력적인 치료관계 발전에 용이하다. 자신과 관련된 치료목표를 표현하고 자신의 행동 변화에 많은 방법을 제시하기도 한다.

### (2) 불평형

불평형 내담자는 자신에게 문제가 있음을 인식하지만, 이는 다른 사람이 변화되어야 해결된다고 생각하거나 상담자가 이를 치료해 주기를 원하는 유형이다. 즉, 문제중심적으로 이야기하고 다른 가족을 비난하거나 불평하는 유형으로 문제해결을 위한 어떤 행동을 하려는 동기가 충분하지 않은 경우가 많다. 따라서 이들과의 상담에서는 증상이 있는 가족에 대한 생각과 관찰을 이어가며 과거와는 다른 방법으로 생각하도록 격려하는 것이 적절하다. 하지만 스스로가 해결을 위한 주체임을 자각하기 전에 해결책을 제시하는 것은 주의가 필요하다. 불평형 내담자는 내담자 스스로 문제를 해결하도록 도움을 줄 수 있는 방법을 제시하고 관점을 바꾸며 스스로 행동을 바꿀 수 있도록 동기를 유발하여야 한다.

### (3) 방문형

방문형 내담자는 문제 해결을 위해서가 아닌 누군가의 강권에 의한 비자발적인 사람을 의미하며, 일반적으로 법원, 직업훈련, 보호관찰관, 학교, 부모, 타인 등의 의뢰로 임하는 경우가 대부분이다. 그만큼 치료목적, 목표, 해결방안 등이 자신이 원하는 것과 상반된다고 느끼기 때문에 문제에 대한 책임이 없거나 스스로의 문제를 인정하지 않는 경향이 높다. 그럼에도 상담자는 내담자에게 필요가 있다면 도움을 주겠다는 입장을 취하고 내담자의 말에 귀를 기울이며 그의 편에서 들어주는 것이 필요하다. 이 과정에서 내담자는 자신이 이해받고 있다는 느낌을 가지며, 상담자에 대한 신뢰감을 형성하고 치료적 관계를 형성하는 계기가 될 수 있다. 따라서 성실하고 겸손한 태도로 내담자를 맞이하고 과정에 참여함에 대한 칭찬을 제공하는 역할이 요구된다.

## 3. 치료적 개입

### 1) 치료목표

해결중심 가족치료에서는 치료를 성공적으로 이끌기 위해 내담자와의 협상과 협동으로 목표를 스스로 설정하도록 하는 것이 매우 중요하다고 본다. 그리고 상담자는 현재의 불평이 아닌 새로운 행동양식을 목표로 하며, 사람들은 이미 문제를 해결할 능력을 갖추고 있으나 이를 인지하지 못하는데, 그 이유는 문제에 대한 인식이 너무 큰 나머지 자신의 강점을 생각하지 못하기 때문이라 보았다.

내담자가 상담자를 찾을 때는 그 이유와 목적이 존재하는 만큼 치료과정에 명확한 목표를 내담자와 함께 설정하고 이 목표의 성취를 확인하고 종결에 이른다. 그만큼 내담자가 성취할 수 있는 치료목표 설정 과정을 돕는 것이 상담자의 중요한 역할이 된다. 이러한 이유로 해결중심 가족치료는 '목적지향적 모델'이라 불린다(Kim Berg & Miller, 1993). 해결중심 가족치료의 목표설정의 원칙은 다음과 같다.

#### (1) 내담자에게 중요한 것

내담자에게 치료목표가 중요할 경우 내담자는 이를 성취하기 위해 더 협조적으로 몰두한다. 가령 내담자와 가족구성원의 목표가 다르고 합의가 어려울 경우 각자의 의견을 자유롭게 표현하며 서로를 알아가며 동의 영역을 찾도록 도와야 한다. 그리고 치료목표는 직접 관찰이 가능한 것으로 하되 상담자가 이를 정해주어서는 안 된다.

### (2) 작고 성취 가능한 것

치료목표가 작을 때 내담자는 쉽게 성취와 성공이 가능한 만큼 이를 기준으로 하며 이런 경험은 내담자에게 변화에 대한 동기로 이어질 수 있다.

### (3) 구체적, 명확, 행동적인 것

치료목표는 구체적이고 명확하게 제시되고 내담자와 상담자가 관찰 가능한 행동적인 것이어야 하는데, 이는 진행 상황의 관찰뿐만 아니라 종결에 따른 평가 그리고 내담자 가족에게는 긍정적인 피드백으로 이어질 수 있기 때문이다.

### (4) 관심점은 긍정적인 것

내담자에게는 어떤 새로운 것을 시작하도록 하는 것이 목표 실현의 가능성을 높이는 데 효과적이다. 따라서 목표는 해야 하는 것에 대해 긍정적이고 목표지향적으로 설정해야 한다.

### (5) 새로운 것의 시작 단계

치료목표를 설정할 때는 첫 번째로 작은 시작에 초점을 맞추고, 원하는 결과를 성취하기 위해서 첫 단계의 필요성을 명확하고 구체적으로 설명하여야 한다.

### (6) 현실적이고 성취 가능한 것

내담자의 생활환경에서 현실적이고 성취 가능한 것을 파악하여 목표로 설정하는 것이 중요한 만큼, 비현실적이거나 성취 불가능한 목표를 지닌 내담자는 적절한 협상과 조절이 필요하다.

### (7) 목표 성취의 노력에 대한 응원

치료목표의 설정이 어렵고 힘든 과정임을 강조하는 것은 상담자의 지지적인 격려와 칭찬을 통해 동기가 강화되는 것과 동시에 작은 성취에도 자부심을 느끼며 협조적으로 이끌 수 있어 효과적인 전략이 된다.

이런 원칙은 해결중심 가족치료 목표의 다음과 같은 특징으로 정리된다.

- 목표는 내담자 본인에게 중요한 의미가 있는 것이어야 한다.
- 일반적 감정보다는 다른 사람과의 관계를 어떻게 변화시킬 것인가에 대한 설명이 포함되어야 한다.
- 목표는 상황적인 용어를 사용한다.
- 목표는 단기적이고 확인 가능한 낮은 단계부터 점진적으로 나아간다.
- 목표는 내담자를 위한 확실한 역할을 지정해야 한다.
- 목표는 현재 내담자의 상황에 맞게 현실적이어야 한다.
- 목표는 합법적이고 적합하며 전문가 윤리기준에 부합해야 한다.

## 2) 상담자 역할

해결중심 가족치료에서 상담자는 가족의 치료에 최선을 다하는 변화의 촉진자로서, 내담자가 스스로 가지고 있지만 의식하지 못하거나 활용하지 못하는 강점을 찾도록 돕는다(Cleveland & Lindsay, 1995). 이를 위해서 상담자는 가족이 원하는 변화점에 맞춰 문제를 볼 수 있도록 돕는 역할을 한다.

이에 상담자는 예외적 상황과 성공적인 상황에 대하여 내담자의 설명을 듣고 직접 질문을 통해 확인하게 된다. 내담자의 삶에서 해결책을 찾도록 예외적 상황을 파악하고 성공적인지를 확인하기 위해 예외질문을 사용한다. 즉, 상황이 덜 심각한 경우를 예외상황으로 보며, 이런 상황은 성공적인 요소가 무엇인지를 찾는 단서가 된다. 이처럼 상담자는 상황이 어떻게 더 좋아지는지에 대한 질문으로 변화를 찾아가는 것이 중요하다(Becvar & Becvar, 2013).

해결중심 가족치료에서는 가족의 작은 변화가 빠르게 이루어지도록 한다. 이를 위해 가족의 행동, 인지 그리고 인식의 변화에 집중하고 문제상황을 벗어나는 데 필요한 가족의 강점을 사용하게끔 한다. 이처럼 해결중심 접근은 변화를 중심 요소로 본다(Muarry & Muarry, 2004).

따라서 어떤 방법을 사용하든 작은 변화가 일어나게끔 한다면 상담자는 변화의 가능성을 두고 그 가능성이 자연스럽게 그리고 긍정적으로 확대되도록 한다. 이렇게 해결중심 가족치료의 상담자는 항상 가족의 변화를 이끄는 장기적 모습을 그리며, 이를 강조하여 내담자가 희망적 해결을 선택하도록 한다.

### 3) 개입기법

#### (1) 질문기법

① 기적질문

기적질문은 가족이 그들의 어려운 상황이 가상적으로 해결되었다고 생각하도록 하는 것으로, 문제가 해결된 미래의 상태를 가정하도록 함으로써 치료가 성공적으로 끝날 수 있다는 희망을 만드는 질문기법이다.

즉, 문제가 해결된 상황을 상상하며 해결하기를 원하는 것을 구체화하고 명료화하는 것이다. 이 같은 가설 토대의 의도적이고 미래지향적 치료적 접근은 가족에게 닥친 문제가 해결되었을 때 가족구성원에게 삶이 어떻게 달라질 것인가를 생각할 수 있는 기회도 제공한다.

기적질문은 내담자가 응답하는 과정에서 기적을 만드는 사람이 자신임을 알게 하고 작은 일부터 시작해야 한다는 것을 인식하도록 하며 변화된 상황을 구체적으로 상상함과 동시에 해결된 상태를 향해 작은 것부터 점차 확대해 나가도록 하는 질문이다.

**기적질문의 예**

"만약 오늘 밤에 기적이 일어나서 내일 ○○님의 문제가 해결되었다면 ○○님은 문제가 해결된 것을 어떻게 알 수 있을까요?"
"당신이 처음 무엇을 보면 기적이 일어났는지를 알 수 있을까요? 무엇이 달라져 있을까요?"
"기적이 일어난 것처럼 하려면 무엇부터 시작해야 하나요?"
"그런 행동을 최근에 한 적이 언제인가요? 얼마나 자주 있나요?"

② 예외질문

내담자가 가진 문제를 무시하고 자신에게 문제가 없던 상황, 즉 과거 성공했던 경험이나 현재 긍정적인 것에 주의를 돌리며 강조한다. 이는 내담자가 문제에 대해 스스로 성공적 대응을 의식하지 못하는 것을 발견하고 성공적 행동을 의도적으로 강화하는 기법이다. 문제에 대한 부정적 생각과 문제를 줄여나가는 것에 집중하며 해결책을 찾는 데 중점을 두는 질문이다.

**예외질문의 예**

"문제가 일어나지 않았던 때는 언제입니까?"
"어떻게 하면 문제가 발생하지 않을 것 같습니까?"
"문제가 해결된다면 어떻게 알 수 있겠습니까?"
"당신이 다르게 행동한 것을 다른 사람들은 어떻게 알 수 있을까요?"

③ 척도질문

척도질문은 상담자와 내담자가 구체적이지 못한 주제에 대해 말하기 위해 개발되었다. 그만큼 내담자가 자신의 상황에 대한 지각을 측정하고 긍정적인 인식을 갖게 하며 이를 듣기 위한 것이다. 즉, 숫자를 이용하여 문제의 심각성이나 주위와의 관계성, 진행상황의 평가, 문제해결 전망과 동기 등을 수량화하는 것으로 1점에서 10점까지의 수치로 표현하는 방법이다. 내담자 스스로 인식을 직선적이고 정확한 방법으로 표현하면 내담자의 인식에 대한 모든 것을 알아내는 데 적절한 질문으로 내담자의 저항과 퇴보를 예상, 방어하며 변화과정에 대한 격려와 강화로 다음 단계에 무엇을 할 것인지를 탐색할 수 있다.

**척도질문의 예**

"0에서 10까지의 점수 중에서 0은 우울이 사라진 상태고 10은 가장 우울할 때라고 본다면 현재 당신의 우울감은 어디 쯤에 표시할 수 있을까요?"
"어떻게 하면 그 점수가 3점으로 바뀔 수 있을까요?" 혹은 "점수가 4점이 되기 위해 무엇을 할 수 있을까요?"
"당신이 1점을 높이기 위해서 무엇을 다르게 해야 할까요?"

④ 대처질문

대처질문은 만성적인 어려움과 위기에 관련된 질문으로 미래를 비관적이고 절망적으로 다루는 내담자에게 사용된다. 어려운 상황에 처한 내담자 스스로 대처방안(예 자신의 자원, 감정 등)이 있음을 발견하고 이를 새로운 힘으로 인지하며 절망적인 상황에서 빠르게 벗어날 수 있게 하는 질문이다. 대처질문은 상담자가 내담자에게 어려운 상황에서 견디었고 더 나빠지지 않은 것을 강조하며 위기에서 살아남은 것에 대한 인식, 강화, 확대로 이어지게끔 한다. 즉, 내담자가 힘든 상황에서도 실시한 일들로 문제해결에 도움이 되었음을 칭찬하고 격려하여 스스로 어려움을 극복할 능력을 가졌다는 사실을 확인하게 한다.

**대처질문의 예**

"○○님은 그렇게 어려운 상황에서도 어떻게 금주를 하실 수 있었을까요?"
"어머니는 남편의 학대 속에서 어떻게 가정을 유지해 올 수 있었을까요?"
"제가 봐도 지금 무척 힘든 상태인데 어떻게 더 나빠지지 않고 현재 상태를 유지하고 있나요?"
"지금까지 해온 것을 유지하기 위해 무엇을 해야 합니까?"

⑤ 관계질문

관계질문은 내담자와 중요한 관계의 사람들이 가진 생각, 의견, 지각 등에 관한 질문으로 내담자 스스로의 능력, 긍정적인 특징, 강점, 한계, 성공에 중점을 두고 이러한 것이 대인관계에서 이루어짐을 알게 한다 (Ziegler & Hiller, 2001). 즉, 내담자는 스스로에게 중요한 타인이 자신을 어떻게 보는가를 생각함으로써 이전에 없던 가능성을 확인할 수 있다.

**관계질문의 예**

"○○님은 부인이 ○○님과의 관계를 어떻게 보고 있다고 생각하실까요?"
"부인께서 지금 저에게 하신 말씀을 남편이 들으면 어떻게 생각하실까요?"

⑥ 차이질문

차이질문은 해결중심 가족치료의 다른 기법과 결합하여 사용할 수 있는 것으로 과거와 현재 또는 제시된 변화에 의미를 두고 탐색하는 것이다. 이 질문은 자신의 작은 변화가 의미 있는 차이를 만들어 낸다는 것을 알지 못하기 때문에 내담자 또는 내담자의 중요한 사람에게 일어난 변화를 탐색하도록 하는 질문이다.

**차이질문의 예**

"○○님은 지난주 술을 한 번밖에 안 드셨는데, 그 전에 비해 이렇게 횟수가 줄어든 이유가 무엇일까요?"
"○○가 무단결석을 하다가 지난주 결석을 하지 않은 것은 무엇 때문일까?"
"지난주까지 폭식하다가 이번 주에는 하지 않은 차이가 뭐 때문에 생긴 것이라 생각하니?"

### (2) 피드백

① 칭찬

칭찬은 상담자가 내담자에게 제공하는 지지의 진술을 말하는 것으로 관계유형에 상관없이 사용하며, 그동안의 노력과 대처에 대한 긍정적인 칭찬 그리고 어려운 상황의 인정과 격려의 과정에 해당한다. 한편으로 칭찬은 가족구성원에게 다른 역할을 주기 위한 방편이기도 하다. 따라서 내담자의 감정을 무시하지 않고 수용하며 민감하게 다루어야 한다. 그렇지 않을 경우 상담자가 내담자의 문제를 심각하게 받아들이지 않음으로써 오해가 발생할 수 있다. 칭찬은 내담자가 설정한 목표 방향으로 나아갈 때나 문제에 대한 강점이 부각될 때 사용하는 것이 적절하다.

② 연결문

연결문은 칭찬 후 뒤이은 제안이나 과제를 부여하는 이유를 자연스럽게 연결하는 피드백의 한 부분으로 칭찬과 마찬가지로 내담자에게 의미 있게 느껴져야 수용된다. 따라서 현재의 어려움을 일반화하거나 가족에게 필요하다고 판단되는 사실을 제시하며, 이런 과정에 이론적 근거를 제시할 경우 가족은 과제에 대한 이해를 더 명확히 하고 실천의 가능성도 높아진다. 그 예는 "부모님께서 자녀를 위한 노력이 너무나 많았다는 것을 알 수 있었습니다. 자녀들 또한 그런 노력을 잘 이해하고 있고요. 그래서 오늘 다음의 과제를 드리고자 합니다"처럼 이어질 수 있다.

③ 과제

내담자에게 적절한 과제를 선택하고 부여하는 단계로 관찰과제와 행동과제로 구분된다. 관찰과제는 해결책 구성에 도움이 되는 것에 내담자가 집중하게 하는 것으로 그 예시는 "오늘부터 다음 상담시간까지 부부가 덜 부딪힐 때를 잘 살펴주세요. 그때 무엇이 달랐는지, 그런 상황이 어떻게 일어났는지 말이죠. 그리고 그런 상황이 일어나도록 누가 무엇을 하는지 살피시고 다음 시간에 이야기해 주세요"와 같이 이어진다. 행동과제는 해결책 구성에 도움이 되는 행동을 하도록 제안하는 것으로 그 예시는 "남편분은 아내의 편견과 관계에서의 벽을 긍정적으로 받아들이시는군요. 남편분께서 객관적으로 상황을 보시는 것은 정말 칭찬 드립니다. 그런데 다음 상담 시간에 오실 때는 내가 어떻게 하면 아내가 나를 더 인정해 주고 솔직하게 이야기할 수 있을지를 생각해 보시고 그중 할 수 있는 한 가지를 해보시고 와주세요"처럼 이어질 수 있다.

④ 피드백을 위한 지침

피드백은 잘 형성된 목표를 달성하도록 도와야 하며, 목표와 관련된 예외상황에 주의를 기울여야 한다. 또한 예외가 일어나도록 하는 누군가가 무엇을 하는지, 특히 자신이 무엇을 하고 있는지를 주목하도록 격려하는 의도가 필요하다. 여기에 필요한 기준은 다음과 같다(De Jong & Berg, 2012).

- 최종 목표를 찾는다.
- 과제는 내담자와 상담자 간의 관계유형, 잘 형성된 목표의 설정, 예외가 있는지의 여부와 그 유형을 고려하여 작성한다.
- 최종목표가 확실치 않을 때는 보다 보수적인 선택을 한다.
- 내담자가 원하는 것과 중요하다고 생각하는 것에 동의해 준다.
- 내담자가 이미 하고 있는 행동 중 해결책 구축에 유용한 것을 칭찬한다.
- 과제가 적절하다고 느껴지도록 연결문을 제시한다.
- 내담자가 사용하는 언어를 사용한다.
- 피드백을 단순하고 간략하게 작성한다.
- 피드백은 신중하고 진실되게 전달하고 내담자의 반응을 관찰한다.

### (3) 해결책 구축 단계

해결책 구축의 기본 단계는 다음과 같다(De Jong & Berg, 2012).

**문제의 기술** : 내담자가 가져온 문제의 성질과 그 심각성에 대해서는 약간만 설명하고 문제의 원인이 되는 것은 묻지 않는다.

↓

**잘 형성된 목표의 발전** : 내담자의 문제 해결 시 생활에서 무엇이 달라질 것인지에 대한 설명을 이끌어 내는 데 내담자와 함께 노력한다.

↓

**예외의 탐색** : 내담자가 생활하는 동안 일어나지 않았거나, 문제가 더 심각한 경우에 대한 질문으로 내담자가 목표와 관련한 자신의 현재, 과거의 성공을 더 잘 알게 한다.

↓

**면접 종결의 피드백** : 이미 유용한 것들을 하고 있음을 강조하는 데 도움이 되는 칭찬과 문제해결을 위해 무엇을 더 관찰하고 실행해야 하는가에 대한 제안과 피드백을 제시한다.

↓

**내담자의 성장을 평가** : 해결책을 달성하기 위해 내담자가 어떻게 하고 있는지를 내담자와 함께 평가하며, 척도질문을 활용한다.

**❙그림 11-1❙ 해결책 구축의 단계**

CHAPTER 12

# 인지행동 가족치료

## 1. 이론적 배경

인지행동 가족치료는 1950년대와 1960년대 초반의 행동주의 모델의 행동치료를 통한 행동의 변화에 문제점을 제시하면서 이를 보완하는 접근법으로 인지이론을 행동주의 방법론에 통합함으로써 시작되었다. 이는 인간이 사고와 행동이 함께 작용한다는 것을 분명하게 인식하였음을 의미한다.

인지행동 가족치료는 인지과정의 연구로 시작하여 행동주의와 사회학습이론의 개념을 통합적으로 적용한 모델로서 인간의 사고과정은 수정되고 변화하는 가운데 정서적이고 행동적인 문제를 소거할 수 있다고 본다. 그리고 개인과 환경 모두에 초점을 두고 정보교환을 통해 둘 사이의 상호적 영향에 문제가 발생한다고 보고 있다(Nichols & Schwartz, 2003). 그럼에도 인지과정이 모든 가족행동의 원인이 된다고 보지는 않으며 사건, 인지, 감정, 행동 사이에 존재하는 상호관계의 인지적 평가가 중요한 역할임을 강조한다.

이 모델의 중요 전제는 새로운 행동의 결과에 보다 더 많은 보상이 없으면 변화에 저항한다는 것으로, 행동주의 치료와 유사한 기법을 사용하지만 개인의 정보를 조직, 저장, 진행하는 방법에서 이를 보완하고 있다(Nichols & Schwartz, 2003).

## 1) 행동주의 모델

행동주의 모델은 행동에 대한 학습의 중요성과 과학적 연구를 강조하는 모델로 인간 행동의 측정과 관찰이 가능한 행동의 원인들에 집중한다. 그만큼 자율적 인간은 없으며, 객관적으로 관찰과 측정이 가능한 행동을 대상으로 실증적인 연구로 확인된 학습의 원리를 상담에 응용하며 상담의 효율성과 성과를 객관적으로 평가한다. 이처럼 규칙적이고 직접적인 행동주의 접근법이 분명한 행동주의 모델은 자녀의 행동문제와 부모의 행동교정 그리고 치료동기가 분명한 부부문제를 다루는 데 효과적이다.

이 모델의 기본 가설은 다음과 같다.

- 정상적이고 비정상적인 모든 행동은 같은 방법으로 획득되고 유지된다.
- 무질서한 행동은 학습된 유형을 대표한다. 학습된 부적응 유형은 추측된 주요 원인이나 보이지 않는 동기를 가정할 필요가 없다.
- 증상과 같은 부적응 행동은 보다 기본적이고 주요한 무질서나 질병과정의 조짐이라기보다는 그 자체로 무질서이다.
- 무질서가 학습된 환경이나 정확한 입장을 밝혀내는 것이 아닌 원하지 않는 행동을 지지하고 유지하는 결정요인 평가에 중점을 둔다.
- 학습된 부적응 행동은 소거될 수 있으며 새롭게 학습된 행동유형에 의해 대체될 수 있다.
- 치료는 정확히 명시되고 객관적으로 평가되며 쉽게 반복된 기법의 개발을 강조하는 과학적 심리학의 결과를 적용한다.
- 치료의 효과는 계속적으로 평가되고 특정한 개입기법은 특정한 문제에

개별적으로 맞추어진다.

- 행동치료는 과거의 재구조화와 개방이 아닌 '바로 지금' 문제에 집중한다.
- 치료결과는 측정할 수 있는 변화의 관점에서 평가한다.
- 특정한 치료기법에 대한 연구가 계속적으로 행동치료사에 의해 수행된다.

행동주의 모델의 주요 인물은 다음과 같다.

- **파블로프** : 개의 소화계에 대한 생리학적 연구로 고전적 조건형성을 주장하였으며, 이후 비정상적 행동의 인간에 대한 실험으로 이어졌다.
- **스키너** : 행동치료라는 용어를 가장 먼저 사용하였으며, 조작적 조건형성을 주장한 가운데, 유기체는 임의로 조작하는 행동을 통해 조건형성이 이루어짐을 검증하였다. 또한 환경이 인간의 행동을 통제한다고 보았다.
- **스튜어트** : 사회사업가로 문제의 가족들에 긍정적 가정환경을 증가시키는 개입전략을 사용하였다. 기분 좋은 호혜적 교환의 증진에 조작적 원리를 자녀의 문제행동 수정과 갈등을 겪는 부부에게 적용하였다.

## 2) 인지모델

인지이론은 사람의 감정과 행동이 사건에 대한 지각에 영향을 받는다는 가정을 바탕으로 하고 있으며, 사람들의 느낌을 결정하는 것은 그 상황이 아닌 그것을 해석하는 방식에 있다고 본다. 이는 문제해결을 위한 인지적 사고력을 중시하고 어떤 사상이나 정보, 가치관 등 행동의 인지적 영역에 집중하는 가운데 인간 능력을 긍정적 관점에서 노력하는 건설적 존재로 보기 때문에 왜곡된 인지구조도 상담으로 충분히 변화의 가능성이 있다고 본다.

인지모델의 대표이론은 벡(Beck)의 인지이론과 엘리스(Ellis)의 합리적 · 정서적 이론이다.

〈표 12-1〉 벡과 엘리스의 인지모델

| 구 분 | 주요 내용 |
|---|---|
| 벡의 인지이론 | 우울증 치료법으로 개발된 이론으로 인간을 능동적이고 구성적 존재로 보고 행동의 인지적 영향을 강조하였다.<br>모든 심리적 문제는 왜곡되고 역기능적인 인지에 의한 것으로 이는 내담자의 정서와 행동에 영향을 미치게 된다. 인간은 이를 이해하고 해결하는 능력과 의식기능을 보유하고 있으며, 도식과 핵심신념의 개념을 강조한다. |
| 엘리스의 합리적 정서적 이론 | 벡의 이론보다 더 대중적으로 보급된 이론으로 인간의 신념이 정서와 행동에 영향을 미친다는 것을 강조한다.<br>이 이론은 인간의 심리적 고통을 비합리적 정서반응에 의한 것으로 보고 여러 부적응 행동이 비합리적, 비현실적, 비논리적, 융통성 없는 사고에 의해 생긴다고 본다.<br>엘리스는 이를 ABCDE 모형으로 제시하였으며, 선행사건(Activating Event)이 비합리적 사고(Belief System)를 갖게 하고 결과(Consequence)로 나타난다. 이에 논리적 논박(Dispute)을 통한 개입으로 효과(Effect)로서 합리적 신념으로 이어진다. |

인지모델의 주요 인물은 다음과 같다.

- 벡 : 펜실베이니아 대학 정신의학 교수로 정신과적 장애의 우울증 치료법으로 출발하여 최근에는 다양한 정신장애 치료로 확대, 적용되고 있다. 우울, 불안, 성격문제 등의 치료에 인지이론이 효과적으로 활용된다.
- 엘리스 : 임상심리학자로 정신분석 입장을 취하며, 여러 학문을 토대로 합리적 정서치료를 제안하였다. 초기 합리적 정서적 치료(RET)에서 최근에는 합리정서 행동치료(REBT)로 개칭되었다.

# 2. 주요 개념

## 1) 기본 가정

인지행동 가족치료에서는 인간의 감정과 행동은 주관적 현실에 의해 결정되며, 이는 객관적 현실에 대한 인간의 능동적인 구조화 과정에 의해 이루어진다고 본다. 주관적 현실은 바로 인간의 내부자극과 외부자극의 종합적 산물인 만큼 사고 등의 인지내용에 반영된다. 이렇게 반영된 인지내용은 자신, 과거와 미래, 주변에 현상적 장을 구성하게 된다. 따라서 심리적 고통과 같은 병리적 상황은 현상적 장을 부정적으로 왜곡하기 때문에 나타나는 것이다.

인지행동 가족치료 과정에서 내담자는 왜곡된 인지내용을 의식할 수 있으며, 인지내용의 변화를 통해 감정과 행동을 변화시킬 수 있다. 이 과정에서는 상담자와 내담자의 협조적이고 동반자적 관계 형성이 주요하게 작용한다.

## 2) 기본 개념

### (1) 행동주의 모델

① 고전적 조건형성

파블로프의 개를 통한 학습과정 실험이 대표적인 고전적 조건형성 실험으로, 종소리 직후 음식물을 주는 학습효과로 음식물에 대한 무조건적 반응을 종소리라는 조건자극에 연결함으로써 조건반응을 확인하였다. 주로 조건반사, 공포, 불안에 의한 불수의적 반응에 따른 것으로 인간에게도 자주 발생하는 학습기제이다.

② 조작적 조건형성

조작적 조건형성은 의도에 따라 조절이 가능한 행동으로 도구적 조건형성 또는 작동적 조건형성으로도 불린다. 이는 대상의 자발적인 행동에 관계되어 이루어지는 과정을 의미하는 것으로 스키너는 행동을 계획적으로 만들어 가는 실험을 하였다. 스키너는 어떤 행동 이후 주어진 결과에 따라 행동의 재생확률이 달라짐을 전제로 점차 근접한 행동에 강화를 통해 그 행동이 조정되도록 하는 개념으로 효율적 학습을 개념화하였다.

③ 강화

강화는 행동 이후의 결과가 행동을 증가시킨다고 보며, 이렇게 강화로 형성된 행동을 조작적 행동이라 하고 어떤 행동의 발생, 습득, 유지의 역할을 하게 된다.

예 어린 아이가 가지고 싶은 것을 울면서 요구하는 상황에 부모가 어쩔 수 없이 이에 응할 경우, 아이는 울음으로써 가지고 싶은 것을 얻을 수 있음을 인지하고 이러한 행동을 계속한다.

④ 소거

소거는 반응에 어떤 강화도 나타나지 않을 때 강화를 철회하는 것으로 조작적 행동을 줄여가는 과정이다. 이는 바람직하지 않은 행동의 감소를 위해 강화된 행동이 더 이상 강화되지 않도록 이를 차단하는 방법이다.

예 자녀가 관심을 얻기 위해 큰 소리를 내는 경우 부모가 이를 의도적으로 무시함으로써 더 강한 행동이 이어질 수 있으나 계속되는 무반응에 자녀는 큰 소리 내기를 점차 줄여나간다.

⑤ 처벌

처벌은 행동의 감소를 뜻하는 것으로 특정 행동에 이은 결과는 행동발생의 가능성을 줄이게 된다. 일반적으로 처벌을 물리적 제재로 인식할 수 있으나 행동주의에서의 처벌은 어떤 행동에 일정한 자극을 통해 행동발생을 줄이는 것을 의미한다.

예 음식을 조리한 후 뜨거운 냄비를 잡으며 느낀 통증은 이후 뜨거운 냄비를 잡을 때 안전 집게를 사용하게 한다.

⑥ 일반화

일반화는 어떠한 자극에 따른 결과가 유사하거나 공통의 속성에 해당하는 자극에도 동일하게 나타나는 것을 의미한다.

### (2) 인지모델

① 비합리적 사고

비합리적 사고는 비합리적 신념으로 특정 사고에 집착하고 그로 인해 정서적·행동적 문제를 가지는 것을 의미한다. 이런 비합리적 신념은 부모로부터 배우고 사회에서 강화되며, 결과적으로 대인관계에서 정서적 문제로 이어진다.

② 인지적 왜곡

인지적 왜곡은 스스로 인지하지 못하지만 자동적으로 부정적이고 비관적 사고에 사로잡히는 것을 말한다.

- 임의적 추론 : 적절하고 충분치 못한 증거에도 결론을 내리는 것
- 선택적 추론 : 전체 맥락을 벗어나 세부내용에 초점을 두는 것
- 과잉 일반화 : 한두 번의 상황을 근거로 일반적 결론화하는 것
- 이분법적 사고 : 흑백논리로 사고하고 해석하며 극단적으로 범주화하는 것
- 확대와 과장 : 발생된 상황의 의미를 실제보다 과장, 축소하며 그 의미와 크기를 왜곡하는 것

- 터널시야 : 상황의 부정적인 부분만 보며 다른 것은 무시하는 것
- 개인화 : 자신과 관련되지 않음에도 여타 상황을 자신과 관련짓는 것
- 정서적 추론 : 정서적 경험을 근거로 자신, 세계, 미래를 추리하는 것

③ 자동적 사고

자동적 사고는 사람의 감정적 반응이 자동적으로 처리되는 사고를 말하는 것으로, 상황에 대한 합리적 판단의 과정 없이 자동적으로 반응하는 사고를 의미한다. 이는 자동적으로 이어지는 만큼 지각되지 않는 특징을 가진다.

④ 도식

도식은 다양한 자극으로 구성되는 상황을 자신의 인지구조에 따라 특정 자극에만 선택적으로 반응하는 것을 말한다. 특히 이전 경험과 타인과의 관계에서 형성되는 만큼 비교적 안정적 인지반응으로 유사한 상황을 일정하게 해석한다. 여기에는 오랫동안 형성된 믿음인 핵심신념과, 자동적 사고와 핵심신념 사이에 존재하는 중간믿음이 있다.

## 3. 치료적 개입

### 1) 치료목표

#### (1) 행동주의 모델

행동주의 치료에서는 현재 문제에만 초점을 맞춘 치료가 이루어진다. 그만큼 긍정적인 행동변화의 증가와 강압으로 행동통제의 비율을 감소시키고 효과적인 문제해결 기술을 익히는 것을 목표로 한다.

#### (2) 인지모델

인지모델에서는 가족들이 좀 더 합리적인 신념과 기대를 가지도록 하는 것을 목표로 하며, 특히 비합리적 신념을 재구성하는 것이 역기능적 행동을 변화시키는 데 가장 중요함을 강조한다. 이처럼 비합리적 사고에 대한 재교육이 현실적이고 합리적인 정서적 반응으로 교정된다고 본다.

### 2) 상담자 역할

인지행동 가족치료에서 상담자는 가족성원에 드러난 문제를 극복할 수 있도록 하며 가족성원의 합리적 반응을 이끄는 역할을 해야 한다. 특히 현재 문제가 되는 행동을 분석함에 있어 현재 발생되는 행위에 집중하며, 상황과 문제를 명확하게 확인하는 노력이 이어진다. 그리고 행동분석을 통해 문제 행동의 상호작용과 선행 자극의 행동 그리고 가족 간 교환된 행위를 객관적으로 기록한다(Epstein, Schlesinger & Dryden, 1988). 그만큼 상담자는 현재 중심적, 문제지향적, 경험적이며 앞으로 변화하는 내담자를 성공적으로 이끄는 피드백을 제공한다.

### 3) 개입기법

#### (1) 체계적 둔감법

체계적 둔감법은 불안을 발생시키는 자극을 점진적으로 묘사과정을 거치며 이완하도록 학습하여 불안에 대한 반응을 제거하는 것이다. 이 기법은 이완훈련, 위계작성, 둔감화의 3단계 과정을 거치게 되며, 불안 또는 두려움에 대한 자극이 확실할 때 사용하면 효과적이다.

- 이완훈련 : 근육이완 또는 즐거운 상상을 통한 정서적 이완상태에 이르

게 하는 훈련으로 신경과 근육의 안정을 가한다.

- 위계작성 : 불안이나 두려움을 일으키는 상황에 대해 10~20단계로 그 정도를 위계화하는 것을 말한다.
- 둔감화 : 이완 상태에서 불안 등이 가장 적은 위계단계부터 많은 단계로 진행하며 이를 극복하도록 하는 것을 말한다.

### (2) 단계적 노출

체계적 둔감법과 비슷한 방법이기는 하나 이완을 유도하지 않는다는 점과 실제 상황에서 행해진다는 점에서 차이를 가진다.

### (3) 혐오자극

혐오자극은 심각한 문제행동을 줄이기 위해 문제행동 이후 물을 뿌리거나, 소음, 비난 등 다양한 형태의 혐오자극을 주는 것이다. 이를 위해서는 실제 혐오스러운 자극을 결정하는 것이 중요한데, 이는 자극이 처벌로 작용될 수 있으나 한편으로는 강화로 작용할 수도 있기 때문이다. 특히 상담자는 혐오자극을 활용할 때 윤리적 측면과 안정성을 고려하여야 한다.

### (4) 행동형성

행동형성은 현재 나타나지 않은 표적행동의 발달을 위한 것으로 새로운 표적행동이 나타날 때까지 차별적 강화를 거치며 복잡한 행동을 여러 단계로 나누어 한 단계씩 배우게 하는 것이다. 목표행동과 유사한 반응에 보상을 하여 행동의 기준을 점차 높여가는 방법이다. 예를 들면, 언어학습에 있어서 유사한 언어사용이 이어질 때 강화를 통해 정확한 언어를 더 많이 사용하며 학습하게 하는 것이다.

### (5) 행동연쇄

행동연쇄는 쉽게 배울 수 있게 과제를 여러 단계로 나누고 한 단계씩 가르치는 것이다. 대표적으로 옷을 입을 때 머리를 넣고, 팔을 끼우고, 옷을 내리는 행동의 순서를 단계별로 가르치는 것이 될 수 있다.

### (6) 정적 강화

정적 강화는 행동에 보상을 주는 것을 말하며, 학습과정에 관심, 지지의 보상이 학습행동을 높이게 되는 것을 의미한다.

### (7) 부적 강화

부적 강화는 어떤 행동에 대한 고통을 소거하며 행동이 다시금 이어질 가능성을 높이는 것으로, 학습을 싫어하는 경우 특정 행동 발생 시 학습에 면제권을 부여하는 것이다.

### (8) 연속강화와 부분강화

연속강화는 행동이 나타날 때마다 계속 제공하는 강화로 새로운 행동을 학습할 때 사용된다. 부분강화는 간헐적으로 제공하는 강화로 학습된 행동의 유지에 사용되며 고정비율 강화(일정한 수의 목표행동마다 강화), 변동비율 강화(비율을 변화시켜 반응을 주는 강화), 고정간격 강화(반응수와 관계없이 일정 시간 경과에 따른 강화), 변동간격 강화(시간간격에 변화를 주는 강화)가 있다.

### (9) 토큰강화

인지행동모델에서 인기 있는 접근방법 중 하나로 특정 행동이 나타나도록 하는 동기에 토큰을 사용하는 강화이다. 토큰강화는 표적행동에 이어 바로 강화를 지급할 수 있고, 누적하여 수량화할 수 있어 강화의 가치가 유지되는 반면, 시간과 노력 그리고 비용이 발생한다는 제한점이 있다.

### (10) 모델링

다른 사람을 관찰함으로써 배우게 하는 방법으로 새로운 행동을 가르치는 데 사용된다. 특히 가족치료에서는 가족구성원이 원하는 행동을 보여줌으로써 학습될 수 있고 이를 모방하도록 한다.

### (11) 자기주장훈련

자기주장훈련은 다른 사람에 대한 권리침해 없이 자신의 권리를 적절하게 표현하는 것으로 자신의 사상과 감정을 직접적이고 정직하게 전달하는 방법이다. 비주장적이거나 공격적 의사소통 기술을 개선하는 데 도움이 되는 방법이다.

### (12) 타임아웃

타임아웃은 문제행동에 대하여 적정 기간 동안 정적 강화를 하지 못하게 하는 방법으로, 바람직하지 못한 행동이 발생할 때 정적 강화 기회를 차단하며 행동의 강화를 막는 기법이다. 아동 문제행동에 주로 사용되며 생각하는 의자, 공간 분리 등이 대표적이다.

### (13) 홍수법

홍수법은 불안의 상황에 점차 접근이나 이완훈련 없이 불안과 두려움의 상황을 피하지 못하게 하여 불안을 소멸시키고 회피 행동의 조건화를 막는 기법이다. 이 기법은 불안의 상황에서 진정되고 성취감을 느낄 때까지 견뎌야 성공하게 된다.

### (14) 호흡훈련, 활동계획, 자기신뢰

호흡훈련은 공황장애 대상의 신체조절기법으로 주로 사용되며 과호흡에 따른 복식호흡훈련이다. 활동계획은 매 시간단위 행동의 목록을 지키게 하는 것이다. 자기신뢰는 간단한 일을 통해 자신감을 갖게 하는 훈련을 말한다.

PART 04

# 가족상담의 실제

CHAPTER 13

# 상담자의 자세와 상담 고려 사항

상담은 고민, 불안 등의 문제에 개별적, 집단적 차원의 도움을 통해 정적 안정과 어려움을 해결하고 적응하도록 하는 과정이다. 특히 상담은 내담자를 대상으로 하는 전문적인 도움의 과정인 만큼 단일적 사고 또는 고정된 판단에 제한을 두는 것은 지양해야 한다.

## 1. 상담자의 자세

### 1) 인간관계에 대한 관심

가족을 대상으로 하는 상담은 다양한 인간관계를 접하게 된다. 그만큼 인간을 둘러싼 다양한 차원에서 존재하는 인간관계를 이해하는 것이 무척 중요하다. 물론 개인을 대상으로 하는 심리치료의 경우는 정신 내면에 더 많은 관심을 두지만 문제를 개인적인 차원의 영역에서만 다룰 경우 이해에 제한점이 상당 부분 발생한다. 따라서 가족을 대상으로 하는 상담자는 사회 속의 개인 내면문제만큼이나 대인관계에 주목할 필요가 있다.

개인이 보이는 문제행동은 개인의 문제가 아닌 사회라는 구조에서 나타나는 부적응에 대한 신호로 보아야 한다. 이 체계는 여러 기능을 통해 균형을 유지하는 조정능력을 가지는데 상담자가 마주하는 대다수의 가족은 이런 자기조정 능력에 혼란을 경험하고 있다고 본다.

이처럼 상담과정에서는 내담자와 그를 둘러싼 사회의 맥락을 이해하고 개인과 사회 전체의 상호작용 그리고 그 가운데 가족 자체의 기능회복에 집중하는 것이 필요하다.

### 2) 협력적 상담관계

내담자는 자신의 삶을 관찰하는 입장이기는 하지만 주관적인 입장에서 이루어지는 관찰자인 만큼 상담자는 내담자와 가족들이 인식하는 현실을 객관적인 현실로 받아들여서는 안 된다. 사회구성주의 입장에서는 내담자와 가족의 결정과 권한을 존중하며 권위적인 상담자에서 전문가의 태도를 내려놓은 협력적인 관계를 중요시한다. 특히 개인에 중점을 두는 구성주의와 다르게 사회구성주의는 가족의 상호작용과 역할에 집중하는 만큼 상담의 선택과 이해가 상호탐색의 기회가 될 수 있다고 본다.

그에 따라 상담자는 현실이 사회적이고 언어적인 결과인 만큼 언어를 통한 현실을 상담에 적용하는 노력이 필요하다. 이는 현실에서 사람들이 어떻게 지각하고 받아들이느냐에 따라 어떤 문제가 다른 관점에서는 문제가 아닐 수도 있음을 의미한다.

### 3) 순환적인 시각

가족상담의 과정에서는 가족들의 상호작용과 지속되는 문제를 이해하는 데 노력을 기한다. 원인과 결과의 인과관계를 다루는 단편적인 시각에서는 이를 이해하기에 한계가 따른다. 따라서 개인의 행동은 사회의 다른 구성에도 끊임없는 영향을 미치고 구성원에게 다시 영향력을 가진다는 순환적인 이해가 필요하다. 그런 점에서는 원인을 찾는 '왜'라는 물음보다는 상황을 이해하는 '어떻게'가 더 적절하다.

이처럼 순환적인 인과관계에서는 원인이 결과가 되지만 다른 한편으로는 결과가 원인이 되는 것으로 체계 내에서 서로 상호적인 영향을 주고받음을 이해하는 것이 필요하다.

### 4) 내담자에 대한 관심

상담과정에서 특히 상담자는 전문가로서의 역할과 전문성을 토대로 내담자와 협력적인 관계에서 문제를 벗어날 수 있는 새로운 영역을 개발해 나간다. 이 새로움은 내담자에 대한 계속되는 관심과 대화를 통해 변화의 물꼬를 트면서 시작되는 것으로 대화 자체가 상호협력을 통해 변화를 창조해 가는 것이다. 따라서 상담은 대화를 통한 서로의 탐색과 교류 그리고 정보, 아이디어의 교환이 이어지는 치료적 대화로 볼 수 있다. 이에 상담자는 내담자에 관심을 둔 치료적 질문으로 창조적이고 예술적인 개입 방법을 찾아가며 그 전문성을 발휘하게 된다. 상담자가 가지는 내담자에 대한 관심은 단순한 호기심이 아닌 내담자의 행동과 상황을 이해하고 문제의 해결 또는 변화를 위한 기대를 위한 전문적 역할이다.

## 2. 상담 고려 사항

### 1) 가족체계의 이해

가족이 상담에 참여하는 경우 상당수의 가족이 우리 가족에 필요한 도움을 분명히 설정하고 오게 된다. 가족상담의 의뢰자의 경우 구성원 누군가의 잘못된 행동에 대한 교정, 변화를 일방적으로 요구하거나 가족의 문제를 잘못 인지하는 경우가 더 많다. 그렇지만 상담자는 상담 초기 가족의 이런 의견과 정보를 부정하고 대립하는 것은 적절치 않으며, 가족의 관점에 따라 상담을 시작하는 것이 바람직하다. 이후 라포가 형성되어 신뢰관계가 마련되었을 때 상담자는 상담자세를 낮추어 자신의 견해를 전하는 것이 문제에 대한 가족의 관점을 전환하는 계기를 마련할 수 있다. 그리고 이런 유연하고 융통성 있는 과정에 가족을 참여시키고 배우게 하는 것이 가족상담의 성공적 운영뿐만 아니라 가족 자체 문제해결능력을 높이는 데 효과적이다.

물론 상담 초기에는 방어적이고 상담을 거부하는 경우도 나타날 수 있으나 이는 문제에 대한 이해와 상담참여 등의 불안에 따른 이유가 더 크다. 따라서 상담 초기에는 가족상담의 목적과 과정에 대한 설명으로 이를 완화할 필요가 있으며, 가족상담의 구조를 전달하는 것이 효과적이다.

가족상담은 개인과 가족체계 간의 영향을 다루는 만큼 상담 초기부터 종결에 이르기까지 개인과 가족의 관계성과 개념을 설명하는 것이 매우 중요하다.

## 2) 가족범위 설정

가족상담의 첫 회기에는 가족구성원 모두가 함께 참여해야 함을 가족구성원들에게 설명해야 한다. 여기에는 거부 또는 회피의 반응이 있을 수 있으므로 그 이유와 이점을 다루며 설명하는 것이 효과적이다. 가족구성원의 참여는 상담에 대한 저항을 줄일 뿐만 아니라 가족의 참여가 성공적인 상담으로 마무리될 수 있음을 강조해야 한다. 그럼에도 첫 회기 상담에 모든 가족구성원이 참여하는 경우는 드물다. 하지만 상담자는 가족 일부와의 관계를 가족구성원 전체에 확장하며, 참여시키기 위한 시도를 이어가야 한다.

그렇다고 참석하지 못하는 가족을 비협조적이라 단정 지을 필요는 없다. 그러한 이유를 확인하고 참여를 위한 다양한 전략적 방법을 모색하는 것 또한 가족상담의 효과와 성공을 높이는 데 기인하게 된다.

부부상담 중 한쪽의 불참 또는 사춘기 자녀의 상담 거부 등은 가족상담 과정에 흔히 예상되는 상황으로, 이런 경우에는 상담자가 더 낮은 자세로 가족에 대한 이해의 필요성을 설명하고 더 많은 것을 알고 있는 당사자에게 참여를 요청하며, 무리한 정보요구는 없을 것임을 강조할 필요가 있다.

더불어 연령 또는 기능의 제한으로 참여에 어려움이 있는 가족구성원의 경우 상담자는 다양한 상담 도구와 기법 등의 활용을 고려하는 것도 필요하다.

### 3) 상담계약

상담계약은 상담의 구조화라 칭하기도 하며, 예정된 상담의 횟수와 주기, 상담시간, 참여자, 목표, 비용 등을 포함하고 있다. 이런 상담계약은 상담자와 내담자 그리고 가족에 참여과정에서의 역할과 책임을 담는 만큼 제한된 시간 내 효율성과 능동적인 참여를 이끌 수 있다. 특히 상담계약에서는 상담자와 가족이 목표로 하는 변화점을 명확하게 하는 것이 중요하다.

### 4) 비밀유지

가족상담에 참여하는 가족 간의 정보는 가족문제 해결과 변화에 중요한 자원이 된다. 하지만 일부 내용들은 가족 내에서도 비밀로 해야 한다. 물론 가족상담의 효과를 높이기 위해 자유롭고 개방적인 의사소통을 긍정적인 요소로 다루기는 하지만 상담 기간 상호작용과 정보교환이 어려웠거나 힘든 가족에게는 정보 공유가 오히려 가족 간 오해의 소지가 될 수도 있다.

다른 한편으로는 상담자의 관심을 유도하기 위해 상담과정 이외의 정보를 공유하거나 개인적 이야기를 다루는 경우도 발생한다. 물론 가족상담 중 필요에 따른 개인상담이 이어질 수 있으나 이는 분명 가족상담에 영향을 미치며, 개인상담의 필요와 의미가 가족에 공유될 수 있는지를 확인하여야 한다. 그리고 가족상담 과정에 이런 문제를 다루는 것이 가장 이상적이다.

CHAPTER 14

# 상담실제 1

## 1. 사전상담

가족상담이 이루어지기 전 사전상담은 상담의뢰자의 전화로 이루어지는 것이 대표적이다. 접수면담이라 불리기도 하는 사전상담은 상담 참여, 방향, 구조를 명확히 해야 하므로 훈련된 전문가를 통해 시행되어야 한다. 가령 사전상담에 비숙련 담당자가 대응하는 경우 내담자를 포함한 가족구성원이 상담에 불공평한 연합을 우려하게 하거나 상담 시간 확인 정도에서 마칠 가능성을 높인다.

사전상담에서는 상담자에 대한 신뢰뿐만 아니라 내담자를 이해하고 돕고 싶어 하는 믿음을 분명히 드러낼 수도 있다. 이런 사전면담은 상담과정 전체에 도움을 준다.

## 2. 명료화

가족상담의 경우 가족구성원들은 문제에 대한 인식이 다르게 나타나기도 하며 그에 대한 감정의 차이가 존재한다. 그만큼 상담자에게는 현실에 맞닿은 가족의 문제를 명료화하는 노력이 요구된다. 그리고 상담자는 가족상담을 필요로 하는 가족에게 가족상담 전반에 대한 설명과 가족구성원 참여의 중요성도 함께 안내하게 된다.

상담자가 가족문제를 명료하게 하는 것은 치료적 개입에 아주 중요한 과정으로 가족구성원 각자가 제시하는 문제와의 관련성, 더 나아가 언급되지 않는 문제들도 함께 관찰해야 한다. 이런 과정에 가족들의 행동, 태도, 반응 들을 잘 다루는 것이 가족에게는 전문성의 신뢰로 이어질 수 있으며, 가족 내 무엇이 문제에 해당되고 구성원이 어떻게 관계되었는지를 이해할 수 있다.

한편으로 현재 가족문제를 탐색하고 명료화하는 것이 상담의 첫 번째 개입이 되어 가족의 대응, 기여 등을 이해하는 데 도움을 주기도 한다.

문제를 명료화하기 위해서는 가족구성원의 문제가 무엇인지, 변화를 위해 필요한 것이 무엇인지를 모두 표현하도록 해야 하고 이것은 가족 변화의 주도적이고 자발적 참여에 도움을 준다. 그리고 상담자는 가족들이 문제를 이야기하는 동안 먼저 이야기하는 사람, 문제 이외의 요청, 가족 내 권력자, 방해자, 연합 등을 파악하여야 한다. 이어 가족의 지각을 결정하는 문제가 무엇인지를 알게 되고 이에 대한 부정적 용서와 표현을 다른 관점으로 변화시킬 경우 문제해결의 가능성은 더욱 높아진다.

## 3. 관계형성

상담자와 가족의 치료적 관계 형성은 상호 간 정서적 공유와 기대감을 공유하는 복잡한 과정으로 초기단계 상담자의 수용, 공감적 이해, 진실성 등이 중요한 역할을 한다. 가족에 대한 수용적 태도는 가족의 안전성을 담보하도록 하고 공감 이외에도 명확한 안내와 충고 등에서 전문가로 인식을 더할 수 있다. 그리고 상담자의 자기확인은 가족의 신뢰를 얻는 데 결정적이다.

따라서 상담 초기단계는 가족과의 라포형성이 무척 중요한 과업에 해당된다. 그리고 라포는 상담과정 전체에 지속적인 영향을 주며, 합류를 통해 상담자가 가족체계에 직접적 관계를 맺을 수 있다. 가족 모든 구성원의 행동에 따르는 것은 제한적일 수 있으나 차례로 적응해 나가야 하며, 가족의 공통된 행동 특성도 이해하는 것이 필요하다. 더 나아가 가족이 익숙하게 사용하는 어휘를 사용하는 언어적 의사소통이 라포형성에 도움이 된다.

## 4. 목표설정

가족상담에 있어 명확한 목표는 상담기법의 빠른 전개로 이어지며, 구체화된 목표를 통해 가족상담에 대한 지나친 기대와 환상을 제거하게 된다. 합의된 목표의 도출은 쉬운 과정은 아니지만 그 과정 또한 가족상담의 과정으로 두고 상담자와 가족이 목표의 도달 여부를 합의하는 것이 중요하다. 이어 가족들의 바람직한 변화에 대한 인지와 소요기간에 대한 기준을 이해하는 데 큰 도움을 준다. 이와 함께 상담목표의 확립은 상담자에게도 중요한데 그 이유는 상담개입의 영향에 대한 피드백을 얻을 수 있기 때문이다.

목표는 장기목표와 단기목표로 구분된다. 가족상담은 가족구성원 모두가 관련된 만큼 첫 회기부터 상담 목표가 합의되는 것은 쉽지 않다. 따라서 이 과정을 단계로 구분하여 최종목표에 도달하도록 하는 것이 적절하다.

## 5. 가족 이해

가족상담에서는 가족을 탐색하고 정보를 얻기 위해 가계도를 주로 활용한다. 가계도는 여러 세대에 걸친 가족의 정보와 관계를 도식화한 것으로 상담과정에서는 중요한 자료로 그 역할을 한다. 이 같은 가족관계 파악에는 가족의 상호작용을 직접 관찰하거나 그 관계에 대한 질문에 따른 모든 반응까지 관찰하는 것을 포함한다.

가족에 대한 다양한 정보들은 가족에 대한 이해의 폭을 넓히고 이를 기준으로 가족기능을 평가하기 위함이다. 따라서 그 가족이 어떻게 기능하는지를 알기 위한 질문에서는 그 가족에 대한 직접 질문이 아닌 가족관계의 경험들을 토대로 확인하는 것이 필요하다.

상담자는 가족의 문제를 이해하고 평가하는 것을 넘어 그들의 변화까지 고려해야 하며, 피드백을 통해 상담에 대한 평가, 필요 여부, 상담 형태 등이 함께 다루어져야 한다.

## 6. 상담과정의 의사소통

### 1) 침묵하는 가족

상담과정에서 침묵하는 것은 원만하지 못한 가족의 상호작용 또는 자신의 생각과 감정표현에 제한이 있는 것 외에도 여러 의미를 내포하고 있다. 따라서 상담자는 침묵이 무엇을 해야 할지 모르는 것인지, 표현의 방법을 모르는 것인지, 저항하는 것인지, 회피하는 것인지를 파악하는 것이 중요하다.

가족상담의 첫 번째 과정에서 가족 생활에 대한 정보, 상담 참여 계기 및 과정의 정보에 대해 상담자는 가족 간의 걱정을 이해함을 전하며, 가족의 생각과 감정을 표현하도록 촉진하여 침묵을 깨트려 나간다.

### 2) 서로 말하는 가족

가족상담에서 서로 자신의 의견과 생각을 말하려는 경우가 나타나기도 한다. 이때 상담자는 가족구성원의 의견을 존중하고 경청에 필요한 기준을 마련할 필요가 있다.

먼저, 특정 대상을 지정하여 대답하게 하는 질문 방법을 활용할 수 있으며, 둘째, 서로 말하고자 하는 가족을 대신해 상담자가 정리해서 이야기함으로써 가족 내 상황을 유지하려는 방해를 제한할 수 있다. 셋째, 생각과 의견을 이야기할 수 있는 소도구를 활용하여 순차적 또는 규칙적 표현을 유도할 수도 있다. 마지막으로 어떤 시도에도 말하려는 가족을 제한하기 어렵다면 상담을 잠시 중단할 수도 있다. 이 과정은 상담참여에 대한 이해를 다시금 강조하며, 진행을 위한 규칙을 확인하는 시간으로 활용된다.

### 3) 떠들고 잡담하는 가족

상담 초기 상담자는 가족의 일상적 이야기를 통해 라포를 형성하고 불안을 완화할 수도 있다. 하지만 지나친 일상의 이야기는 상담에 방해가 되는 만큼 정해진 시간 또는 상담의 시작 메시지(예 손짓, 자리 앉음 등)로 정리하여야 한다.

이어 떠들며 표현을 하는 가족에게는 상담자가 관심을 전하며 주의를 끌고 그 생각과 감정을 정리해 주는 방법이 있으며, 다른 한편으로는 다른 사람의 대답이나 이야기 전에 상담자가 질문 등의 방법으로 대화를 전환하는 방법도 활용 가능하다.

### 4) 말을 대신하는 가족

가족상담에서 상담자는 누군가의 말을 대신하지 않는 기준을 분명히 하는 것이 필요하다. 간혹 누군가가 대신 말을 할 경우 표현의 기회를 잃은 사람은 억압을 느끼고 좌절에 이를 수 있기 때문이다. 뿐만 아니라 가족들이 기존의 의사소통 방식을 깨트리는 방법으로도 적절하다.

### 5) 서로 공격하는 가족

가족상담 초기는 불안함과 낯섦 그리고 긴장됨에도 변화에 최선을 다하고 노력하는 모습이 나타날 수 있다. 하지만 가족은 이내 기존의 상호작용 형태를 드러내며 비난, 직면, 방어 등의 공격성 표현이 나타난다. 특히 상담자는 초기 이런 상호작용이 나타날 경우 상호작용을 멈추거나, 다른 방법으로 표현하도록 대응하는 것이 무척 중요하다. 그 이유는 자칫 표현의 강도가 심해짐에도 조치가 이루어지지 않을 경우 가족은 그 행동이 용인된다고 인식하며, 변화에 제한점으로 작용하게 되기 때문이다.

### 6) 상담자에게만 말하는 가족

가족과의 상호작용을 거부한 채 상담자와 모든 이야기를 하는 경우도 나타난다. 이런 경우 상담자는 의도치 않게 삼각관계에 휩쓸리는 상황으로 이어지기도 하며, 가족과의 신뢰가 아닌 대상자 한 명과의 상호작용관계로 부결된다. 따라서 가족구성원에 대한 이야기는 가족상담 과정에 직접 언급, 표현하도록 요구하는 것이 필요하다. 가족상담 과정에 가족 간 직접 상호작용의 중요성을 거듭 설명하며, 상담 위치를 마주 보거나 나란히 앉히는 등 변화를 주어 상호작용의 부담을 줄이는 것도 방법이 된다.

CHAPTER 15

# 상담실제 2

가족상담은 가족구성원이 상담 전 과정에 참여하는 만큼 정서적·물리적으로 밀착된 관계의 이야기가 주를 이룬다. 이 과정에서 가족 간 발생하는 갈등과 어려움이 다소 과격하고 거친 표현 등으로 드러나기도 하는데, 상담자는 가족구성원이 상담과정에 적절히 참여할 수 있도록 전문성을 발휘하고 다양한 기법들을 적절히 활용하여야 하며, 필요에 따라 쉽고 가볍게 이야기와 질문을 다룸과 동시에 적절한 주제의 전환으로 이어가야 한다. 그리고 과정 전반에 걸쳐 경험하게 될 가족의 어려움도 함께 다루어야 한다.

## 1. 상담과정의 가족문제

### 1) 가족의 슬픔

가족구성원이 경험하는 상실은 가족 간 밀착된 정서적 관계에 끊임없는 문제와 갈등의 요소로 작용할 가능성을 높인다. 일반적인 상실은 죽음에 의한 심리적 상처로 인용되지만, 그 외에도 개인적으로 희망하는 것에 대한 좌절, 인간관계의 상실, 학업 또는 성장의 실패, 원하지 않는 상황의 경험 등

일상에서도 다양한 형태로 상실을 경험하게 된다.

가족상담에 있어 이런 상실에 대한 정보를 확인하는 것은 무척 중요하다. 그 이유는 가족의 상실과 실망에 대한 정보는 민감한 내용인 만큼 가족의 이해도를 높이고 가족상담 과정에 유의할 영역이 될수도 있으며, 현재 문제에 영향을 미칠 수 있기 때문이다.

이런 상실을 해결하기 위해서는 먼저, 상실에 대한 직접적인 질문 등을 통해 내담자가 느끼고 있는 상실에 대한 감정을 표현하도록 한다. 그리고 이 과정의 표현은 상징적인 표현이 아닌 직접적인 단어로 드러나도록 하여야 한다.

그 다음은 가족들과도 상실에 대한 것을 공유하게 함으로써 가족 내 이해도를 높이고 정서적 지지를 가능하게 할 수 있다.

마지막으로 상담자 스스로가 상실에 대한 경험을 공유하며 감정과 표현을 모델링할 수 있게 하여 상실에 대한 거부감과 민감성을 낮출 수 있다.

## 2) 불 안

가족상담에 참여하는 가족구성원의 불안은 상담 전 과정에 지속적으로 관찰되는 것으로 상담자의 적절한 관리가 중요하다. 필요에 따라서 상담자는 불안을 의도적인 치료 방법으로 활용할 수도 있으며, 다른 한편으로는 문제가 되는 불안을 감소시키는 방법을 끊임없이 사용하여야 한다. 이처럼 가족상담 과정에 적절한 불안감이 가족의 변화에 도움이 되는지 그리고 불안의 감소가 가족 상호작용에 어떠한 영향을 주는지, 더 나아가 불안감을 더 강하게 만들어야 하는지를 고려하는 과정이 요구된다.

불안의 가중과 감소를 위해서 상담자는 가족구성원과 적당 수준의 치료적 삼각관계를 형성하고 활용하며, 삼각관계를 통해 가족들은 상담자가 자신을 이해하고 있다는 확신을 만들기도 한다.

### 3) 상담 동기의 변화

가족상담에 참여하는 가족에게 지속적인 변화의 동기가 유지된다면 상담은 성공적으로 마무리될 수 있다. 하지만 현실에서는 가족 간 합의과정의 혼란, 역할연습의 어려움, 변화의 두려움 등 다양한 이유로 항상성 유지를 희망하고 이는 곧바로 상담동기의 저하로 이어진다.

이에 상담자는 성공적인 상담의 마무리로 예상되는 긍정적인 변화를 확신적인 단어와 표현으로 상담과정 전반에 노출시키는 것이 필요하다. 더 나아가 은유적 방법으로 동기가 전혀 없는 가족을 설득하는 방법을 전략적으로 다루기도 하는데, 변화와 참여를 모험에 따른 흥분과 도전으로 표현할 수도 있다. 다른 한편으로는 역설적인 방법으로 변화를 너무나 희망하는 가족의 경우 상담지속의 필요가 분명하지 않아 현재 상담의 유지를 표명함으로써 가족의 동기를 자극할 수도 있다.

## 2. 상담 종결

가족상담의 종결은 가족의 문제가 해결되거나 가족 기능이 회복되어 건강한 상호작용에 대한 준비가 되었다는 것을 의미한다. 따라서 상담자는 가족의 건강한 기능이 상담에 의존하지 않고 가족 내에서 충분히 이루어질 수 있도록 전문적이고 세심한 종결을 이루어야 한다.

### 1) 종결의 준비

상담의 시작은 한편으로는 종결을 예정하는 것과 같은 의미이다. 더구나 가족을 대상으로 하는 상담의 종결은 상담자 없이 가족생활이 이어져야 하는 만큼 가족에게는 부담과 불안을 모두 경험하게 한다. 따라서 종결까지의 기간과 시기는 유연하게 할 필요가 있다.

가족상담의 종결은 필요에 따라서는 정해진 목표에 따라 정해진 회차를 진행하기도 하고 가족의 변화 내지는 문제의 소거에 따라 정해지기도 한다. 하지만 종결이 상담의 끝을 의미하는 것이 아님을 충분히 다루어야 하며, 정해진 회차 이후에도 새롭게 갱신할 수 있음 알려야 한다. 그리고 종결은 가족과의 합의를 통해 정해야 하며, 합의된 시기 이후에도 몇 회의 상담은 추가로 이어지는 경우가 있다. 상담종결 이후에도 계속 상담을 희망하는 경우에는 반드시 상담에 대한 평가가 이루어져야 하며, 종결 시기가 정해지지 않은 경우에는 종결과정을 더욱 분명히 하여야 한다.

이와 함께 상담종결에 대한 기준점을 어떻게 설정하고 평가할 것인가도 중요하게 다루어야 한다. 상담종결의 기준점은 먼저, 상담 초기 설정한 목표가 달성되었을 경우 그리고 가족구성원이 목표도달에 합의한 경우에 해당한다.

둘째, 목표에 완전히 부합하지는 않지만, 지속적 상담이 필요하지 않을 정도로 가족기능에 변화가 나타났을 때이다.

셋째, 상담에 대한 효과가 나타나지 않았을 경우로 비현실적 목표 또는 가족 내 합의가 이루어지지 않음에 따른 실패가 있다.

마지막으로 가족이 상담에 대한 동기를 완전히 잃었을 경우로 한편으로는 실패로 볼 수 있다. 하지만 이는 가족에게 모든 책임을 전가하는 것이 되어 앞으로의 변화 가능성에도 부담을 줄 가능성이 있는 만큼 주의가 필요하다. 한편 이처럼 동기를 잃은 경우는 상담자의 기술 또는 경험의 제한에 따른 것으로 볼 수도 있으므로, 자신의 역량에 한계를 느끼는 초보상담자라면 경험자의 자문을 구해야 한다.

이와 함께 가족 스스로가 상담 종결을 요청할 수 있으며, 이런 경우에도 상담자는 종결의 과정을 거치는 것이 필요하다. 여기에서는 초기목표와 그에 대한 가족의 참여와 변화 그리고 종결을 희망하는 가족의 의견이 충분히 다루어져야 한다. 이어 상담 종결 이후 발생 가능한 가족의 긍정적, 부정적 상황까지 다루며 종결에 적절한 시기인지를 계속 탐색할 수 있도록 한다. 더욱이 상담의 진행과 종결의 결정은 가족에게 있음을 잊지 말아야 하며, 언제든 상담에 대한 도움을 줄 수 있음을 주지하여야 한다.

## 2) 상담 종결 방법

상담의 종결은 가족에게 정서적 경험으로 이어지기도 한다. 가족이 신뢰하고 의존적 대상인 상담자와의 관계가 마무리된다는 점에서 분리 또는 상실로 받아들일 수도 있으며, 다른 한편으로는 가족의 성공적인 출발에 대한 축하로 받아들여지기도 한다. 그만큼 상담자는 가족들에게 종결이 다양하게 이해되고 받아들여질 수 있음에 주의를 기울이며 여러 정서적 반응에 대처할 수 있어야 한다.

상담모델에서는 이런 종결과정을 도입, 요약, 목표 나누기, 추후상담으로 제시한다(Barker, 2013).

먼저 도입단계에는 상담자가 종결을 다루는 것의 이유를 다루어야 한다. 이는 상담 시작 이후 목표달성에 따른 것이거나 예정된 회기를 채웠거나 진전 없음이 이유가 된다.

요약단계는 상담과정의 내용을 정리하고 관련된 사람의 성장과 상황을 정리하도록 하는 단계로 상담 종결에 활용하기 좋은 기법이다. 내담자에서 스스로의 변화 성취 부분을 요약하며 상담을 평가하는 데 유용하다.

목표 나누기 단계는 장기목표 대비 가족의 목표달성에 대한 지각 정도를 담아낸다. 상담이 계속되는 과정에서 가족의 성장과 발전 그리고 개인의 성장과 발전을 알아차리게 하는 데 유용하다. 즉, 개인의 성장과 발전이 가족의 성장과 발전에도 영향을 미치게 됨을 지각하도록 하는 것이다.

추후상담은 상담 종결 이후 이루어지는 상담으로, 가족이 잘 지내는지 확인하기 위한 단순한 정보확인 차원에 해당되는 것은 아니다. 이 과정은 상담과정에 가족에게 나타난 변화가 상담 종결 이후에도 그 지속성이 유지되고 있는지를 확인하는 것에 초점이 맞추어져야 한다. 따라서 상담 종결 시 추후상담에 대한 정보를 전달하여야 하며, 어떤 이유에서 언제쯤 이루어질 것임을 알리는 것이 필요하다. 추후상담은 다양한 방법으로 이루어지나 일반적으로 전화상으로 이루어지는 경우가 대부분이다.

# 참고문헌


고미영(2004). 이야기치료와 이야기의 세계. 서울 : 청목출판사.

권중돈(2014). 인간행동이론과 사회복지실천. 서울 : 학지사.

김영애(2020). 사티어 경험주의 가족치료 : 이론과 실제. 서울 : 김영애가족치료연구소.

김용태(2019). 가족치료이론. 서울 : 학지사.

김유숙(2002). 가족과 가족치료(제2판). 서울 : 학지사.

_____(2022). 가족과 가족치료(제4판). 서울 : 학지사.

김희정(2017). 해결중심단기치료 : 이해와 실제. 서울 : 학지사.

남순현 · 전영주 · 황영훈(2005). 보웬의 가족치료이론. 서울 : 학지사.

노경선(2017). 애착중심 가족치료. 서울 : 눈출판그룹.

박태영(2023). 가족치료의 이론과 실천. 서울 : 학지사.

송정아 · 최규련(1997). 가족치료의 이론과 기법. 서울 : 하우.

여성가족부(2022). '2022년 통계로 보는 남녀의 삶' 여성정책국 성별영향평가과.

이상복(2022). 가족상담 및 치료. 경기 : 공동체.

이희세 · 백선아 · 임은희(2023). 가족치료 및 상담. 경기 : 공동체.

정문자 · 송성자 · 이영분 · 김유순 · 김은여(2008). 해결중심단기치료. 서울 : 학지사.

최재석(1996). 한국가족사 연구. 서울 : 학지사.

통계청(2003). 2002년 한국의 사회지표.

한국여성정책연구원(2020). 코로나 19로 인한 가정변화의 정책과 실태조사.

Anderson, S. A., & Sabatrlli, R. M.(2003). *Family Interaction : A Multigenerational Development Perspective*(3rd ed.), Boston, MA : Person Education.

Andolfi, M.(2012). *Family thearapy : An interactional approach*. New York : Springer Science & Business Media.

Banmen, J.(1994). Satir's Systemics Brief therapy workshop for Individual, Couple and family therapy.

Becvar, D., & Becar, R.(1988). *Family therapy : A systemic integration*. Boston : Allyan and Bacon, INC.

___________________(2013). *Family therapy : A systemic integration.* Boston, MA : Pearson Education.

Berg, I. K., & Miller, S. D.(1993). 허남순 · 노혜련 공역. **해결중심적 단기 가족치료.** 서울 : 하나의학사.

Bodin, A.(1981). The international view : Family therapy approaches of MRI. In Gurmannand, A., & Kniskern, D.(Eds.), *Handbook of Family Therapy.* NY : Brinner/Mazel Publishers.

Bowen, M.(1978). *Family therapy in clinical practice.* New York : Jason Aronson.

Cleveland, P. H., & Lindsey, E. W.(1995). Solution-focused family interactions. In A. C. Kilpatrick & T. P. Holland(Eds.), *Working with families*(pp. 145-160). Boston : Allyan and Bacon.

Colapinto, J.(1991). Structural family therapy. In A. S. Gurman & D. P. Kniskern(Eds.), *Handbook of family therapy*(Vol. 2, pp. 417-443). New York : Brunner/Mazel.

de Shazer, S.(1985). *Keys to solutions in brief therapy.* New York : Norton.

DeFrain, J.(2007). *Family Treasures : Creating strange famililes.* Nebraska : University of Nebraska press.

DeJong, P., & Berg, I. K.(2012). *Interviewing for solutions.* Belmont, CA : Brooks/Cole.

Ellis, A.(2000). Rational-emotive behavioral marriage and family therapy. In A, M. Horne(Ed.), *Family counseling and therapy*(3rd ed., pp. 489-514). Itasca, IL : F. E. Peacock.

Epstein, N. B., Schlesinger, S. E., & Dryden, W.(1988). Concepts and methods of cognitive behavioral family treatment. In N. Epstein, S. E. Schlesinger, W. Dryden(Eds.), *Cognitive-behavioral therapy with families.* New York : Brunner/Mazel.

Fairbairn, W. R. D.(1952). *An object relations theory of the personality.* New York : Basic Books.

Frame, M. W.(2000). Constructiong religious/spiritual genograms. In R. E. Watts(Ed.), *Techniques in marriage and Family Counseling*(pp. 69-74). Alexandria, VA : American Counseling Association.

Friedman, E. H.(1991). Bowen therapy and therapy. In A. S. Gurman & D. P. Kniskern(Eds.), *Handbooks of family therapy*(Vol. 2, pp. 134-170). New York : Brunner/Mazel.

Gehart, D. R.(2016). *Therapy and treatment planning in family therapy : A competency-based approach.* New York : Cengage Learning.

Gladding, S. T.(2018). *Family therapy : History, therapy, and practice*(7th ed.). New York : Pearson.

Goldenberg, I., & Goldenberg, H.(1980). *Family Therapy : An Overview.* California : Brooks/Cole.

___________________________(2001). 김득성 · 윤경자 · 전영자 · 전영주 · 조명희 · 현은민 공역. **가족치료.** 서울 : 시그마프레스.

Goldenberg, I., Stanton, M., & Goldenberg, H.(2017). *Family Therapy : An Overview*(8th ed.). Boston, MA : Cengage.

Goldenberg, J., & Mitchell, S. A.(1983). *Object relations in psychoanalytic therapy.* Cambridge, MA : Havard University Press.

Haley, J.(1987). *Problem-solving therapy*(2nd ed.). San Francisco : Jossey-Bass.

Hamilton, N. G.(1988). *Self and other : Object relations therapy in practice*. New York : Jason Aronson.

Hargrove, D. S.(2012). Bowen family system theropy. In J. H. Bray & M. Stanton, M.(Eds.), *The Wiley-Blackwell handbook of family psychology*(pp. 286-299). Oxford, UK : Wiley-Blackwell.

Hoffman, L.(1981). *Foundations of Family Therapy : A Conceptual Framework for System Change*. NY : Basic Books, Inc Publishers.

Kerr, M.(2003). Multigenerational family systems therapy of Bowen and its application. In G. P. Sholevar(Ed.), *Textbook of family and couples therapy : Clinical applications*(pp. 103-126). Arlington, VA : American Psychiatric Publishing, Inc.

Kerr, M. E., & Bowen, M.(1988). *Family therapy in clinical practice*. New York : Aronson.

Klein, M.(1986). A contribution to the psychogenesis of manic-depressive state. In P. Buckly(Ed.), *Essential papers on object relations*(pp. 40-70). New York : New York University Press.

Kohut, H.(2013). *The analysis of the self : A systematic approach to the psychoanalytic treatment of narcissistic personality disorders*. Chicago : University of Chicago Press.

Madanes, C.(1991). Strategic family therapy. In A. S. Gurman, D. P. Kniskern(Eds.), *Handbook of family therapy*(pp. 396-416). New York : Brunner/Mazel.

Madden-Derdich, D. A., Estrada, A. U., Updegraff, K. A., & Leonard, S. A.(2002). The boundary violations scale : An empirical measure of intergenerational boundary violations in families. *Journal of Marital and Family Therapy, 28*(2), 241-254.

Murdock. G. P.(1949). *Social Structure*. New York : MacMillan Co.

Murray, C. E., & Murray Jr, T. K.(2004). Solution-focused premarital counseling : Helping couples build a vision for their marriage. *Journal of martial and Family Therapy, 30*(3), 349-358.

Murray, P. E., & Rotter, J. C.(2002). Creative counseling techniques for family therapists. *The Family Journal : Counseling and Therapy for Couples and Families, 10*(2), 203-206.

Nichols, M. P., & Schwartz, R. C.(2003). 김영애 · 정문자 · 송성자 · 제석봉 · 심혜숙 · 김정택 · 정석환 · 김계현 공역. **가족치료 : 개념과 방법**(제2판). 서울 : 시그마프레스.

Nicole, W., & Everett, C.(1986). *Systemic Family Therapy : An Intergrative Approach*. NY : The Guilford Press.

Olson, D., Russell, D., & Sprenkle, D.(1989). *Circumple Model : Systemic Assesment and Treatment of Families*. New York, NY : Haworth.

Papero, D. V.(1990). *Bowen Family System Theory*. Boston and London : Allyan and Bacon.

Piercy, F., Sprenkle, D., & Associates(1986). *Family Therapy Sourcebook*. NY : Grune and Stratton.

Platt, L. F., & Skowron, E. A.(2013). The family genogram interview : Reliability and validity of a new interview protocol. *The Family Journal, 21*(1), 35-45.

Satir, V., & Baldwin, M.(1983). *Satir step by step : A giide to creating change in families*. Palo Alto, CA : Science and Books.

Satir, V., & Bitter, J.(2000). The therapist and family therapy : Satir's human validation model. In A. M. Home(Ed.), *Family counseling and therapy*(3rd ed., pp. 62-101). Belmont, CA : Thomson.

Satir, V., Banmen, J., & Gomori, M.(1991). *The Satir Model : Family Therapy and Beyond*. Palo Alto, CA : Science and Books.

Scharff, D, E., & Scharff, J. S.(1987). *Object relations family therapy*. northvale, NJ : Aronson.

Siegel, J. P.(2015). Object relations couple therapy. In A. S. Gurman, J. L. Lebow, & D. K. Snyder(Eds.), *Clinical handbook of couple therapy*(pp. 224-245). New York : Guilford Press.

St Clair, M.(2004). *Object relations and self psychology : An introduction*(4th ed.). Belmont, CA : Thomson Brooks/Cole.

Toman, W.(1993). *Family constellation : Its effects on personality and social behavior*. New York : Springer.

United Nations(1996). *Family : Challenges for the Future*. United Nations Publication.

Wachtel, P. L.(1997). *Psychoanalysis, Behavior Therapy, and the Ralational World*. Washington D.C : American Psychological Association.

Walrond-Skinner, S.(2014). *Family Therapy : The Treatment of National Systems*. London : Routledge.

Ziegler, P., & Hiller, T.(2001). *Recreating partnership : A solution-oriented, collaborative approach to couples therapy*. New York : Norton.

Ziff, K.(2009). Family sculpting. In B. Erford(Ed.), *The ACA encyclopedia of counseling*. Alexandria, VA : American Counseling Association.

저/자/소/개

■ 김성수

대구대학교에서 사회복지학사, 대구가톨릭대학교에서 사회복지학 석사와 박사 학위를 각각 취득하였다. 의료 · 정신보건, 청소년 상담 현장에서 정신보건 · 중독전문가, 의료사회복지사, 상담사, 법무부 보호관찰위원으로 청소년과 가족을 대상으로 하는 상담전문가로 활동하였으며, 현재 영진사이버대학교와 영진전문대학교 교수로 가족상담, 사회복지실천, 사례관리 등의 과목을 가르치고 있다.

# 가족상담 및 가족치료

**|저자|** 김성수

**|1판 1쇄|** 발행 2025년 6월 30일

**|발행인|** 김동훈
**|발행처|** **공동체**

**|주소|** 경기도 고양시 일산동구 호수로 358-39, 동문타워 1차 905호(백석동)
**|전화|** 031)814-3000(대표)
**|팩스|** 031)814-3100
**|홈페이지|** http://www.compub.co.kr
**|전자우편|** compub@naver.com
**|출판등록|** 2005년 10월 6일
**|등록번호|** 제396-2005-36호

**|ISBN|** 979-11-6725-966-0
**정가 16,000원**